EVERT KORNMAYER

FRANKFURTER KÜCHENBIBEL

Die ultimative Rezeptsammlung

VERLAG GEBRÜDER KORNMAYER

© 2010 VERLAG GEBRÜDER KORNMAYER
www.kornmayer-verlag.de
ISBN 978-3-938173-99-2
Autor: Evert Kornmayer
Grafik: Evert Kornmayer
Lektorat: Angelika Radloff
Druck: leibi, Neu-Ulm

Deutsche Bibliothek — CIP-Einheitsaufnahme. Ein Titelsatz dieser Publikation ist bei der Deutschen Bibliothek (Frankfurt) erhältlich.

Dieses Buch ist urheberrechtlich geschützt. Alle Rechte, insbesondere das Recht der Vervielfältigung und Verbreitung, sowie der Übersetzung, vorbehalten. Kein Teil des Werks darf in irgendeiner Form ohne schriftliche Genehmigung des Verlags reproduziert oder vervielfältigt werden. Dies gilt insbesondere für Vervielfältigungen und Übernahme des Inhalts in elektronische Medien. Nachdruck oder Reproduktion gleich welcher Art ob Fotokopie, Mikrofilm, Datenerfassung, Datenträger oder Online nur mit schriftlicher Genehmigung des Verlags. Die Wiedergabe von Warenzeichen, Handelsnamen, Gebrauchsnamen etc. in diesem Buch berechtigt auch ohne besondere Kennzeichnung nicht zu der Annahme, dass solche Namen im Sinne der Warenzeichen- und Markenschutzgesetzgebung als frei zu betrachten wären und daher zur allgemeinen Benutzung freigegeben wären.

Die Inhalte dieses Buches wurden nach bestem Wissen aufbereitet. Weder Verlag, Herausgeber noch Autor haften für eventuelle Schäden, die aus den Angaben dieses Buches resultieren.

"Wenns Sauerkraut regnet
un Rindswerschtscher schneit,
dann bitt isch de Hergott,
dass des Wetter so bleibt."

Frankfurter Kinderreim

VORWORT

Wer das bunte Treiben auf den Frankfurter Wochenmärkten, in der Kleinmarkthalle, den Apfelweinlokalen oder auf der „Fressgass" beobachtet, stellt eines schnell fest: Die Frankfurter lieben das Essen und eine gemütliche kulinarische Gesellschaft. Das gilt seit je her für echte Frankfurter ebenso wie für „Eingeplackte" (Zugezogene), die sich schnell in das süße Leben der Mainmetropole integrieren.

Frankfurt ist aber auch die Wiege der deutschen Kochkunst mit dem Sitz und dem Gründungsort des „Verband der Köche Deutschlands" (VKD), der Gastronomischen Akademie Deutschlands (GAD) sowie der langjährige Veranstaltungsort der Internationalen Kochkunstausstellung.

Bereits im Jahre 1531 wurden die kulinarischen Künste der Domstadt dokumentiert und es erschien das erste Kochbuch in Frankfurt am Main. 50 Jahre später schrieb Markus Rumpolt hier sein bekanntes Kochbuch „Ein new Kochbuch". Zahlreiche Kochbücher wurden übrigens von Frankfurter Frauen geschrieben: Maria Bell-Gontard Josephine Loray, Wilhelmine Rührig, Wilhelmine Schlienbecker und Christine Werner haben im 17. Jahrhundert damit begonnen — eine Tradition, die bis heute von engagierten Autorinnen fortgeführt wird.

Doch noch wichtiger als die Bücher waren und sind das Essen und das Kochen. Gerade aus historischer Sicht ist dies ebenfalls eine Domäne der Frauen, von denen zahlreiche Rezepte überliefert sind. Anna Margaretha Justina Lindheimer (Goethes Großmutter), Johanna Maria Melber (Goethes „lustige" Tante), Caroline Hoffmann (Heinrich Hoffmanns Urgroßmutter) und Frau Rat Goethe, die heute noch gern zitiert wird mit den Worten:

„Vor Fürsten fürcht´ ich mich nicht — ich kann kochen!" gehören dazu.

Die Frankfurter betrachten ihre Kochkunst seit jeher mit einem gewissen Stolz, was man unter anderem auch daran erkennt, dass zahlreiche Gerichte mit „Frankfurter ..." beginnen.

Viele der historischen Kochbücher sind so angelegt, dass der Hausfrau ein breites Rezeptangebot bereitgestellt wurde. Die modernen Kochbücher zitieren die Küchenklassiker, zeigen, wie man sie heute anrichtet und mit den Stilmitteln der Frankfurter Küche neue Kreationen schafft.

Dieses Buch stellt nun die Frankfurter Küche in ihrer ganzen kulinarischen Breite und Geschichte vor, wie es das zuvor noch nicht gab.

Mit einem Zitat von Johann Hermann Dielhelm „Wen Gott lieb hat, dem gibt er Wohnung und Nahrung in Frankfurt" wünsche ich Ihnen einen Guten Appetit und viel Freude beim Kochen!

Evert Kornmayer

FRANKFURTER KÜCHENBIBEL

INHALT

VORWORT	6
DAS KULINARISCHE FRANKFURT	11
MASSEINHEITEN UND MENGENANGABEN	18
AUSWAHL UND VERWENDUNG DER ZUTATEN	19
EINIGE KÜCHENBEGRIFFE	20
DIE REZEPTE	23
VORSPEISEN UND SNACKS	25
EINTÖPFE UND SUPPEN	55
GERICHTE MIT FLEISCH	75
GERICHTE MIT FISCH	119
GEMÜSEGERICHTE, PASTA UND BEILAGEN	137
SOSSEN	161
DESSERTS UND SÜSSE SPEISEN	173
BACKWAREN	197
GEBÄCK	221
EINGEMACHTES OBST UND GEMÜSE	239
GETRÄNKE	247
ANHANG	259
BASISREZEPTE	260
REGISTER DER REZEPTE	269
DER AUTOR	276

DAS KULINARISCHE FRANKFURT

LOKALE KLASSIKER

Die Frankfurter und ihre Gäste lieben ihre Apfelweinlokale. In ihnen serviert man bodenständige und preiswerte Frankfurter Spezialitäten und natürlich den Apfelwein im Bembel. Das Intérieur ist traditionell rustikal, und die Wände sind mit einer „Lamperie" (Holztäfelung) verkleidet.

Solche Lokale findet man in vielen Stadtteilen, zum Beispiel in Sachsenhausen. Einige der bekanntesten sind: Apfelwein Klaus, Apfelwein-Wagner, Fichtekränzi, Friedberger Warte, Kanonesteppel, Mutter Ernst, Schöne Müllerin, Solzer, Zum Eichkatzerl, Zum Feuerrädche, Zum Gemalten Haus, Zum Grauen Bock, Zum Rad, Zur Eulenburg sowie Zur Sonne. Bei einer Stadtrundfahrt mit einer kulinarischen Straßenbahn — dem Ebbelwei-Express — kann man bei einem Glas Apfelwein die Schönheit der Stadt entdecken.

Die Stadt der Kaiserkrönungen war berühmt für ihre Küche, und die Hotel- und Restaurantküchen waren legendär. Der „Weidenhof", von Goethes Großeltern betrieben, war ebenso legendär wie das „Rothe Haus", der „Russische Hof" oder der „Römische Kaiser".

Für die Bürger der Stadt gab es aus Anlass der Kaiserkrönungen den berühmten Ochsen am Spieß. Er wurde traditionell mit Bratwürsten gefüllt und auf dem Römerberg zubereitet.

In der Mitte des vergangenen Jahrhunderts wurden Küche, Apfelwein und Mundart über die Grenzen Hessens erneut berühmt, als Heinz Schenk im „Blauen Bock" die Zuschauer an den Fernsehgeräten zu Gast hatte.

Die Liste der internationalen und prominenten Liebhaber der Frankfurter Küche ist lang und reicht von Napoleon (Bethmännchen) und Mörike (Brenten) über Bismarck (Frankfurter Würstchen) bis hin zu Goethe (Speckpfannkuchen).

Zu den beliebten Klassikern über die Grenzen
der Stadt hinaus gehören:
- Bethmännchen
- Frankfurter Kranz
- Frankfurter Würstchen
- Grüne Soße mit hart gekochten Eiern
- Handkäs´ mit Musik
- Rippchen mit Kraut

und natürlich der Apfelwein

Frankfurter haben darüber hinaus aber noch
weitere Delikatessen auf ihren Tellern:
- Bäckerkartoffeln
- Brenten
- Dippehas´
- Frankfurter Pudding
- Gestovtes Kalbfleisch
- Haspel
- Kartoffelgemüse
- Leiterchen
- Linsensuppe
- Rissolen
- Sachsenhäuser Schneegestöber
- Solberfleisch

GRÜNE SOßE (Grie Soß´)

Wenngleich das Wort „Sauce" eleganter klingt, bleibt dieses „Ur-Frankfurter" Gericht bei der traditionellen Schreibweise. Diese Tradition ist in der Mainmetropole so tief verwurzelt, dass manch Frankfurter glaubt, der kirchliche „Gründonnerstag" habe seinen Namen von der Grünen Soße, die schon immer an diesem Tag gegessen wurde. Bis zum Erscheinen von Wilhelmine Rührigs „Praktisches Frankfurter Kochbuch" im Jahr 1856 war die optimale Zusammensetzung der Frankfurter Grünen Soße nicht näher spezifiziert. Erst mit diesem Buch wurden die 7 Kräuter definiert: Borretsch, Kresse, Kerbel, Petersilie, Pimpinelle, Sauerampfer und Schnittlauch. Traditionell werden die Kräuter in Gärtnereien des Stadtteils Oberrad angebaut und in Rollen aus weißem Papier auf den Markt gebracht. Grundlage für die Soße sind Quark, saure Sahne, Schmand, Joghurt und Mayonnaise — ganz nach dem Geschmack der Köchin oder des Kochs.

WAS TRINKT MAN IN FRANKFURT?

Zunächst natürlich Apfelwein! Bereits Karl der Große hat sich um die Verbreitung dieses Getränks verdient gemacht. Den großen Durchbruch in der Mainmetropole verdankt das Getränk aber der Reblaus. Die vertilgte im 16. Jahrhundert die Reben um die Stadt, so dass man nun eine andere Frucht, den Apfel, zu Wein machte.

Die Anzahl der Keltereien in und um Frankfurt ist groß und der Geschmack des Apfelweins vielfältig. Man trinkt ihn klassisch „klar", naturtrüb oder gespritzt (verdünnt) mit Mineralwasser oder Sekt. Es gibt Jahrgangsapfelweine, Sortenreine sowie Weine aus Äpfeln von Streuobstwiesen.

In den typischen Apfelweinlokalen wird der „Ebbelwoi", „Schoppen", „Äppler" oder das „Stöffsche" im Bembel, einem irdenem Krug, ausgeschenkt. Das Apfelweinglas hat ein in Rauten geripptes Muster auf der Außenseite, was verhindern soll, dass es durch die Finger gleitet. Ein weiterer Schutz für das goldgelbe Lieblingsgetränk ist das „Deckelsche" oder der „Äppelschnapper". Hierbei handelt es sich um gedrechselte Holzscheiben, die oft mit den Initialen des Besitzers verziert sind. In Gartenlokalen werden sie auf die gefüllten Gläser gelegt, um zu verhindern, dass Blätter oder Insekten in das Getränk gelangen. In jüngerer Zeit machen Kelterer Apfelwein und -sekt von solcher Qualität, dass diese in Weingläsern mit Stiel ausgeschenkt werden.

Unter den Einheimischen gilt es übrigens als Frevel, „Süßgespritzen" (Apfelwein mit Limonade) zu trinken.

Neuen Apfelwein, noch gärend, nennt man „Rauscher". Er wird in der Vorweihnachtszeit ausgeschenkt.

Doch Vorsicht: Der süße Geschmack macht die 3 % Alkohol leicht vergessen. An kalten Tagen, wie auch auf dem Frankfurter Weihnachtsmarkt, trinkt man den Apfelwein heiß und leicht gesüßt.

Auch hat die Stadt Frankfurt einen eigenen Weinberg, auf dem bereits seit dem 9. Jahrhundert Wein angebaut wird. Der „Lohrberg" (Lohrberger Hang) ist die östlichste Lage des Weinanbaugebiets Rheingau. Er wird in der „Weinstube im Römer" ausgeschenkt.

Das gute Mineralwasser kommt aus den nahen Quellen im Taunus, aus Rossbach oder Bad Vilbel.

Eine andere große Tradition der Stadt liegt in der Braukunst. Wer kennt nicht die prächtigen Gespanne der Bierkutscher der Brauereien Binding und Henninger. Was früher eine Notwendigkeit war, dient heute dem Amusement auf den Festumzügen der Stadt.

MEEFISCHLI

Nur wenige wissen, dass der drittgrößte Fischmarkt Europas nicht an der Küste, sondern am Rhein-Main-Flughafen liegt. Doch auch die Fischerzunft in Frankfurt und Sachsenhausen hatte früher Fischereirechte vom Rhein (Mündungsgebiet des Mains) bis nach Aschaffenburg. Von Aal bis Zander bot der Main ein reichhaltiges Angebot. Leider hat die Verschmutzung des Mains im letzten Jahrhundert den Fischbestand stark dezimiert. Durch die Verbesserung der Wasserqualität in den letzten Jahrzehnten nimmt die Artenvielfalt im Main nun wieder zu.

FRANKFURTER MÄRKTE

Die Wochenmärkte auf zahlreichen Plätzen der Stadt sind ebenso kulinarische „Highlights" wie die Kleinmarkthalle. Auf der Dippemess werden auch heute noch Töpferwaren angeboten, wenngleich dieser Markt (seit dem 14. Jahrhun-

dert) heute vor allem durch seine große Anzahl von Fahrgeschäften bekannt ist. Der Weihnachtsmarkt, der sich von der Zeil über den Paulsplatz und den Römerberg bis hin zum Main erstreckt, ist mit seinen knapp 250 Ständen einer der größten in Deutschland. Auch er hat seit dem 14. Jahrhundert nichts von seiner Attraktivität für Groß und Klein verloren. Quetschemännche, Bethmännchen und Frankfurter Brenten sind hier die kulinarischen Klassiker.

Die Wochenmärkte findet man an den entsprechenden Markttagen nahezu in jedem Frankfurter Stadtteil. Die bekanntesten Märkte sind der Bauernmarkt auf der Konstablerwache (donnerstags und samstags), der Schillermarkt (freitags) sowie der Kaisermarkt (dienstags und donnerstags). Neben frischem Obst und Gemüse, Käse, Fleisch- und Wildspezialitäten aus dem Umland findet man auch stets die Kräuter für die Frankfurter Grüne Soße. Sie stammen vorzugsweise aus dem Frankfurter Stadtteil Oberrad, wo sie von den Gartenbaubetrieben, frisch geerntet und in die typische weiße Papierrolle verpackt, zu den Marktständen gelangen.

An jedem Wochentag warten etwa 60 Händler in der Kleinmarkthalle in der Frankfurter Altstadt mit lokalen und internationalen Spezialitäten auf. Dieser überdachte Wochenmarkt ist neben der Vielfalt der Produkte vor allem wegen deren Qualität beliebt.

In Frankfurt Griesheim treffen sich die Feinschmecker im „Frische Paradies Edelfisch". Neben dem großen Angebot an Feinkost macht auch der angeschlossene Gastronomiebetrieb diesen Supermarkt zu einer „Pilgerstätte".

Ein Gartencenter ist Frankfurts kulinarischer Geheimtipp. Seit vielen Jahren fährt man nach Frankfurt Kalbach nicht nur, um Blumen und Gartenartikel bei „Sunflower" zu kaufen, sondern auch, um im „Frischemarkt" regionale Köstlichkeiten frisch vom Erzeuger zu kaufen oder zu verkosten.

MASSEINHEITEN UND MENGENANGABEN

Der Erfahrung nach können Mengenangaben und Garzeiten nur ungefähre Angaben sein. Die unterschiedliche Beschaffenheit der Zutaten, die verschiedenen Gegebenheiten der Küchen (von der Pfanne über das Kochfeld* bis hin zum Backofen**) und auch der individuelle Geschmack machen das Abschmecken erforderlich. Bei allen Rezepten sollte jeder seine eigene Erfahrung im Umgang und in der Zubereitung von Speisen einfließen lassen.

Die Mengen sind nach dem metrischen System angegeben:

kg	= Kilogramm
g	= Gramm (1.000 g = 1 kg)
L	= Liter (Achtung: „L" statt „l")
cl	= Zentiliter (1 cl = 10 ml)
ml	= Milliliter (1.000 ml = 1 L)
EL	= Esslöffel = ca. 15 g
TL	= Teelöffel = ca. 7 g

Weitere Mengenangaben:

Msp.	= Messerspitze (Menge, die auf der Spitze eines Besteckmessers Platz hat)
Pkg.	= Packung, Päckchen, Tütchen (z. B. Vanillezucker)
Prs.	= Prise (Menge, die sich zwischen Daumen und Zeigefinger befindet)
TK	= tiefgekühlt
°C	= Grad Celsius (100 °C = 212 ° Fahrenheit)
Ø	= Durchmesser
cm	= Zentimeter

* z. B. die unterschiedliche Kochzeiten von 1 L Wasser: elektrisches Kochfeld: 9 Minuten / Ceranfeld: 6 Minuten Gasherd: 4 ½ Minuten / Induktionsherd: 2 ½ Minuten

** unterschiedliche Garzeiten bei Gas-, Infrarot-, Elektro- oder Umluft-Backöfen. Die angegebenen Garzeiten beziehen sich auf den Elektro-Backofen.

AUSWAHL UND VERWENDUNG DER ZUTATEN

🐾 Im Vorfeld sollte man die Garzeiten planen und Rückschlüsse ziehen, zum Beispiel wann der Braten in den Ofen kommt und die Kartoffeln aufgesetzt werden.

🐾 Die Zutaten sollten stets frisch und reif sein. Was nützt das beste Rezept, wenn die Zutaten nichts taugen?

🐾 In manchen Rezepten werden Dosen- und Fertigprodukte verwendet. Diese Zutaten wurden übernommen, um den Charakter des Rezeptes nicht zu verfälschen. Selbstverständlich bleibt es der Köchin oder dem Koch überlassen, diese Produkte frisch zuzubereiten.

🐾 Bei der Verwendung der Zutaten wird generell davon ausgegangen, dass Gemüse vor der Verwendung gewaschen bzw. geschält wird. Fleisch wird pariert, was bedeutet, dass Sehnen, Haut und überschüssiges Fett abgeschnitten werden. Meeresfrüchte bürsten, putzen und, wenn nötig, den Darm entfernen. Die Fische schuppen etc. Eier werden zuvor aufgeschlagen oder gepellt. Dies wird meist in den Rezepten nicht extra erwähnt.

🐾 Küchenkräuter sollten frisch sein, und nur in Ausnahmen sollte man auf getrocknete Kräuter zurückgreifen.

🐾 Die Kuchen-Garprobe: Wenn man nach der angegebenen Backzeit mit einem Holzstäbchen in die Mitte des Kuchens sticht und dieses dann wieder herauszieht, sollte kein Teig daran kleben, es sollte also wieder „sauber" herauskommen.

🐾 Mehl sollte vor der Verwendung, insbesondere bei Backwaren, gesiebt werden, um es lockerer zum machen.

🐾 Beilagen, Soßen und Vorschläge zur Dekoration der Speisen findet man in der Regel am Ende des Rezepts.

EINIGE KÜCHENBEGRIFFE

altbacken:
Brötchen, die bereits mehrere Tage alt sind. Sie sind trocken und werden zur Verwendung in der Küche 10 bis 15 Minuten in Milch oder Wasser eingeweicht. Meist dienen sie zum Verfeinern von Hackfleischmassen oder werden mit einer Ei-Panade gebacken.

blanchieren:
Gemüse 1 bis 5 Minuten lang in kochendes Wasser geben und anschließend „abschrecken", indem man es in Eiswasser taucht. Dadurch behält es seine kräftige Farbe, bleibt knackig und länger haltbar.

gerebelt:
Kräuterzweige werden zwischen den Händen gerebelt, um Blätter und Blüten von den Stängeln zu lösen.

küchenfertig:
Zum Beispiel Fleisch zur Verwendung in der Küche vorbereiten. Neben dem obligatorischen Waschen bedeutet dies auch, dass Fische ausgenommen und geschuppt und Geflügel gerupft, abgebrüht und ausgenommen werden.

legieren:
Mit der Kochflüssigkeit verrührtes Ei unter ständigem Rühren in die fertige, nicht mehr kochende Speise einlaufen lassen.

montieren:
Der Name stammt aus dem Französischen und bedeutet „in die Höhe steigen". Soßen und Suppen werden montiert, indem man kleine Butterflocken in die nicht mehr kochende Flüssigkeit gibt und diese mit dem Schneebesen aufschlägt.

passieren:
Suppen, Soßen, Fonds etc., die Stücke von Zutaten beinhalten, durch ein Sieb gießen und die Inhaltsstoffe im Sieb mit einem Löffel durchdrücken, wobei die weichen Bestandteile durch das Sieb gehen und die festen, wie zum Beispiel Knochen, Schalen etc., darin bleiben und entfernt werden. Das kann durchaus anstrengend sein. Aus diesem Grund bieten Hersteller von Küchengeräten spezielle Maschinen an, die diese Arbeit erleichtern und unter dem Namen „Flotte Lotte" bekannt sind.

reduzieren:
Die Flüssigkeit, die während des Kochens oder Bratens entstanden ist, bei offenem Topf oder offener Pfanne einkochen lassen, bis so viel Flüssigkeit verdampft ist, dass die gewünschte Konsistenz erreicht ist.

unterheben/unterziehen:
Eine schaumige Masse oder Sahne vorsichtig unter eine festere Masse rühren. Durch das sanfte Unterziehen bleibt der Schaum erhalten, und die Masse wird lockerer.

vom Herd nehmen:
Der Begriff wird oft verwendet, wenn man einen Topf oder eine Pfanne von der heißen Kochplatte nehmen soll. Natürlich kann man diese auf dem Herd lassen, wenn man sie einfach auf eine Platte zieht, die noch kalt ist, oder bei einem Gasherd das Gas abschaltet.

vorwärmen:
Teller und Platten, auf denen die Speisen serviert werden, im Backofen bei 50 °C vorgewärmt.

warm stellen:
Es gibt 2 Arten des Warmstellens: 1. Hefeteig stellt man bei 50 °C abgedeckt zum Aufgehen in den Backofen. 2. Speisen stellt man bis zum Verzehr bei 70 °C abgedeckt in den Backofen.

zerstoßen:
Zutaten im Mörser fein oder grob zerkleinern.

DIE REZEPTE

VORSPEISEN UND SNACKS

FRANKFURTER OCHSENBROT MIT GRÜNER SOSSE

Für 1 Portion:

100 g Ochsenfleisch, gekocht
1 Scheibe Graubrot
etwas Butter
2 EL Grüne Soße (siehe Rezept)
2 Salatblätter
etwas Kresse
2 Tomatenscheiben

Zubereitung:

Das Ochsenfleisch in dünne Scheiben schneiden.

Die Scheibe Graubrot mit Butter bestreichen und die Salatblätter darauflegen.

Dann die Ochsenfleischscheiben auf dem Salat anrichten, die Grüne Soße darübergeben und mit Kresse und Tomaten garnieren.

FRANKFURTER WURSTSALAT

Für 4 Portionen:

400 g Fleischwurst
2 Gewürzgurken
100 g Zwiebel
100 g Paprika, rot und grün
Essig
Öl
Zucker
Pfeffer aus der Mühle
Salz

Zubereitung:

Die Fleischwurst in kleine Stäbchen schneiden und in einer Schüssel mit Pfeffer, Essig und Öl würzen.

Die Gewürzgurken halbieren, quer in Scheiben schneiden und zu der Wurst geben.

Die Zwiebel halbieren und in Streifen schneiden. Die Paprika in dünne Streifen schneiden, etwas Salz darüberstreuen und mit den Zwiebeln kräftig stoßen, damit der Saft austritt.

Dann unter die Wurst mischen und mit Zucker abschmecken.
Dazu Brot reichen.

FRANKFURTER SALAT

Für 2–4 Portionen:

6 Frankfurter Würstchen
1 L Wasser
6 klein Essiggurken
1 Zwiebel, fein gehackt
1 EL Essig
2 EL Öl
3 EL Dill, fein gehackt

Zubereitung:

Das Wasser in einem Topf zum Kochen bringen. Dann die Hitze reduzieren und die Würstchen darin 10 Minuten sieden, jedoch nicht kochen lassen.

Die Würstchen herausnehmen und noch warm mit einem scharfen Messer in dünne Scheiben schneiden, ebenso die Gurken. Mit der Zwiebel, Essig, Öl und Dill in einer Schüssel mischen.

SALAT MIT GRÜNE-SOSSE-DRESSING

Das Salatdressing mit Essig, Öl und Kräutern der Grünen Soße auf Vinaigrette-Basis passt zu allen Blatt- und Gemüsesalaten sowie zu gekochtem Spargel. Traditionell besteht die Grüne Soße aus den Kräutern Pimpinelle, Kerbel, Borretsch, Petersilie, Schnittlauch, Kresse und Sauerampfer.

Für 4 Portionen:

1 Kopf Salat

Dressing:
1 kleiner Bund Grüne-Soße-Kräuter
1 Schalotte
1 Ei, hartgekocht, gewürfelt
1 Cornichon, fein gehackt
4 EL Öl
1 EL Weißweinessig
½ TL Senf
2–4 Msp. Zucker
Pfeffer aus der Mühle
½ TL Salz

Zubereitung:

In einer Schüssel den Weißweinessig mit Salz, Zucker und etwas Pfeffer mit einem Schneebesen so lange rühren, bis sich Salz und Zucker aufgelöst haben. Dann das Öl und den Senf unterrühren, bis sich Essig und Öl zu einer Emulsion verbunden haben.

Die Schalotte schälen und sehr fein würfeln, die Kräuter für die Grüne Soße ohne Stängel fein hacken und mit dem Ei und der eingelegten Gurke untermischen.

Den Salat putzen, waschen, auf Tellern anrichten und das Dressing darüberträufeln.

RAPUNZELSALAT

Feldsalat nennt man in der Mainmetropole Rapunzelsalat. Neben der klassischen Variante serviert man ihn auch leicht gesüßt mit Sahne. Der Salat wird als Beilage gereicht oder als Hauptgericht mit Pellkartoffeln und Butter.

Für 4 Portionen:

500 g Feldsalat
1 Zwiebel, fein gehackt
4 EL Öl
2 EL Weinessig
1 TL Senf
1 EL Petersilie, gehackt
¼ TL Zucker
¼ TL Pfeffer aus der Mühle
½ TL Salz

Zubereitung:

Die Stiele und Wurzeln vom Feldsalat abschneiden. Den Salat in kaltem Wasser waschen und gut abtropfen lassen.

Die restlichen Zutaten in einer Schüssel verrühren, anschließend den Salat hinzugeben und durchmischen.

FRANKFURTER SCHWARTEMAGEN

Der Schwartenmagen wird in Frankfurt ohne „n" geschrieben. Das Gericht sollte möglichst am Vortag zubereitet werden.

Für 2 Portionen:

200 g Schwartemagen
1 Ei, hart gekocht
1 Zwiebel
½ Apfel, säuerlich
2-3 EL Branntweinessig
3 EL Öl
1 TL Senf
etwas Petersilie, gehackt
etwas Schnittlauch, gehackt
etwas Majoran, gerebelt
Pfeffer aus der Mühle
Salz
Brot
Butter

Zubereitung:

Den Apfel schälen und in feine Spalten, die Zwiebeln halbieren und in dünne Scheiben schneiden. Beides in eine kleine Schüssel geben, mit etwas Majoran, Pfeffer und Salz bestreuen, durchdrücken und 30 Minuten stehen lassen. Den Schwartemagen in Scheiben von 1 cm Dicke schneiden und in eine Schüssel legen. Den Essig, den Senf, das Öl und Salz und Pfeffer in einer kleinen Schüssel verrühren und über den Schwartemagen gießen. Die Zwiebel-Apfelmischung ausdrücken und über dem Schwartemagen verteilen. Abgedeckt 1 Tag im Kühlschrank ziehen lassen.

Zum Servieren den Schwartemagen mit der Apfel-Zwiebelmischung auf Teller legen, das hart gekochte Ei in Scheiben geschnitten darauf verteilen und etwas Petersilie und Schnittlauch darüberstreuen. Mit Butter und Brot servieren.

FRANKFURTER PASTETCHEN

Ein Rezept von Goethes Großmutter
Anna Margareta Justina Textor.

Für 4 Portionen:

Teig:
300 g Mehl
150 g Butter
1 Ei
Ei, zum Bestreichen
60 ml Wasser
1 Msp. Zucker
Salz

Füllung:
400 g Rinderhackfleisch
100 g Rindermark, in Würfel geschnitten
80 g Karotten, fein gehackt
80 g Petersilienwurzel, fein gewürfelt
80 g Schalotten, gehackt
1 Zitrone, Saft und abgeriebene Schale davon
2 Brötchen, altbacken
200 ml Fleischbrühe
1 EL Weinessig
1 TL Muskatblüte, gemahlen
1 Msp. Zucker
Salz

Zubereitung:

Für die Pastetenform das Mehl mit der kalten Butter in einer Schüssel zu einem Teig kneten. Das Wasser in eine Schüssel füllen und das Salz und den Zucker darin auflösen. Anschließend die Flüssigkeit zum Teig geben und erneut kneten.

Den Teig 30 Minuten im Kühlschrank ruhen lassen, bevor man ihn flach ausrollt und 5 Kreise von etwa 10 cm Durchmesser aussticht.

Jeweils eine Scheibe als Boden und eine als Deckel verwenden und 3 weitere Scheiben innen ausstechen, so dass ein Rand von 1 bis 1 ½ cm entsteht. Die 3 Ringe übereinander auf den Boden setzen und sanft andrücken.

Für die Füllung die Brötchen in Würfel schneiden und in einem Topf mit der Fleischbrühe einweichen. Die Rindermarkwürfel und das Gemüse bei schwacher Hitze glasig braten.

Die restlichen Zutaten hinzugeben und erhitzen, bis das Fleisch hell ist. Mit Salz abschmecken, vom Herd nehmen, abkühlen lassen und 1 Stunde im Kühlschrank ruhen lassen.

Dann die Füllung in die Pastetchen geben und glatt streichen. Die Teigränder mit Ei bestreichen, die Deckel auflegen, mit Ei bepinseln und mehrere kleine Löcher in den Deckel stechen.

Die Pastetchen im auf 175 °C vorgeheizten Ofen 40 Minuten backen und noch heiß servieren.

FRANKFURTER LACHSSCHINKEN-PASTETE MIT TEIGKRUSTE UND MADEIRA-GELEE

Das Rezept basiert auf der gleichnamigen Pastete der Frankfurter Konservenfabrik Eugen Lacroix. Mit der Zubereitung am besten am Vortag beginnen.

Für 1 Pastete:

Teig:
250 g Mehl
90 g Butter
1 Ei
2 Prs. Salz

Füllung:
1 Stück (Streifen) Lachsschinken (600 g), ca. 6 cm Durchmesser
400 g Schweinehackfleisch
5–10 g Trüffel, gehobelt
½ rote Paprika, in Würfel geschnitten

Zubereitung:

Für die Pastete das Mehl, die Butter, das Ei, etwas Wasser und Salz in einer Schüssel zu einem Teig verkneten. In Frischhaltefolie einwickeln und 1 Stunde im Kühlschrank ruhen lassen. Eine Kastenform mit Backpapier auslegen oder mit Butter ausstreichen. Den Teig dünn ausrollen und 2 Drittel in die Form drücken.

Den Trüffel, die Paprikawürfel, das Hackfleisch, das Eiweiß, die Pistazien, die Sahne, den Piment, den

1 Ei, getrennt
200 ml Sahne
2 EL Cognac
1 TL Thymian, gerebelt
1 TL schwarzer Pfeffer, gemahlen
1 Msp. Piment, gemahlen
1 TL Salz

Madeiragelee:
500 ml Fleischbrühe
100 ml Madeira
8 Gelatineblätter
1 Prs. Cayennepfeffer
Salz

Cognac, den Thymian, das Salz und den Pfeffer in einer Schüssel gut mischen und 20 Minuten ziehen lassen. Die Hälfte der Masse auf den Teig in der Kastenform geben. In die Mitte das Lachsschinkenstück legen und die restliche Masse darum und darüber verteilen. Mit einer Teigbahn verschließen. Als „Kamin" 2 Löcher in den Teigdeckel schneiden und aus dem restlichen Teig Verzierungen auf dem Teigdeckel anbringen. Die Teigoberfläche mit verquirltem Eigelb bestreichen.

Die Pastete im auf 200 °C vorgeheizten Ofen 40 Minuten backen. Wenn die Teigoberfläche zu dunkel wird, diese mit Aluminiumfolie abdecken. Nach dem Backen die Pastete über Nacht abkühlen lassen.

Für das Madeira-Gelee die Gelatineblätter in einer Schüssel mit kaltem Wasser einweichen. Die Fleischbrühe in einem Topf kurz aufkochen lassen. Die Hitze reduzieren und die ausgedrückte Gelatine darin unter Rühren auflösen.

Anschließend vom Herd nehmen, weiter abkühlen lassen, den Madeira hinzugießen, mit Salz und Cayennepfeffer abschmecken. Das Gelee durch die Löcher in die Pastete füllen. Erneut abkühlen lassen und zum Servieren in Scheiben aufschneiden.

FRANKFURTER WÖRSCHTSCHE

Sie werden als kleiner Snack mit Butterbrot oder Brötchen serviert oder als kleine Hauptspeise mit Sauerkraut, Kartoffelbrei oder Kartoffelsalat. Bis zum Ende des 19. Jahrhunderts gab es die Frankfurter Würstchen nur vom 18. Oktober bis zur Fastnacht. Seit 1887 können die länglichen, dünnen Brühwürste konserviert und ganzjährig angeboten werden. Das „Wiener Würstchen" ist ein Abkömmling des Frankfurter Würstchens, das hier bereits im 13. Jahrhundert bekannt war. Kreiert hat das Wiener Würstchen 1805 der in Frankfurt ausgebildete Metzger Johann Georg Lahner. Er nannte seine Wurstmischung aus Rind- und Schweinefleisch „Frankfurter", obwohl die echten Frankfurter Würstchen ausschließlich aus Schweinefleisch hergestellt werden. Ein großer Verehrer der Frankfurter Würstchen war schon der alte Bismarck, der zum Frühstück immer eine Schüssel davon bestellte, während er in der Stadt weilte.

Für 1 Portion:

2 Frankfurter Würstchen
Wasser
Senf

Zubereitung:

Die Frankfurter Würstchen in einem Topf mit 90 °C heißem Wasser 6 bis 8 Minuten ziehen lassen.

Dann herausnehmen und mit Senf und einer Beilage nach Wahl servieren.

FRANKFURTER RINDSWURST

Diese Wurst, auch Frankfurter Brühwurst genannt, wurde 1890 vom Frankfurter Metzger Gref-Völsing erfunden. Die rein aus Rindfleisch hergestellte Wurst erfreute sich schnell großer Beliebtheit in Frankfurter Familien, besonders bei denen jüdischen Glaubens. Heute wird die Wurst nicht nur gebrüht, sondern auch gebraten, gegrillt oder als Currywurst angeboten. In der Metzgerei Gref-Völsing isst man die Rindswurst klassisch als „Menü", bestehend aus einer Rindswurst mit Senf, heißer Rinderbrühe und dunkel gebackenem Wasserbrötchen, auch „Wasserweck" genannt.

Für 1 Portion:

1 Rindswurst
Wasser
Senf

Zubereitung:

Die Wurst in einem Topf mit 90 °C heißem Wasser 6 bis 8 Minuten ziehen lassen.

Dann herausnehmen und mit Senf sowie einer Beilage nach Wahl oder als „Menü" servieren.

HAASS FLASCHWORSCHT

Die heiße Fleischwurst wird mit
Senf, Sauerkraut und Brot serviert.

Für 5 Portionen:

1 Ring Fleischwurst

Zubereitung:

Den Ring Fleischwurst in einem Topf mit 90 °C heißem Wasser 10 bis 15 Minuten ziehen lassen.

Dann herausnehmen und mit einer Beilage nach Wahl servieren.

FRANKFURTER SANDWICH

Als der alte Lord Sandwich sich sein Toastbrot zum Kartenspiel servieren ließ, kannte er sicher nicht die schmackhafte Variante mit Frankfurter Grüner Soße — sie hätte ihm sicher geschmeckt!

Für 3 Portionen:

6 Toastscheiben
2 EL Remoulade
60 g Eisbergsalat
100 g gekochter Schinken
60 g Gouda, in Scheiben geschnitten
2 Eier, hart gekocht
120 g Gurke, in Scheiben geschnitten
1–2 EL Grüne-Soße-Kräuter, fein gehackt
1 Pkg. Frischkäse
Pfeffer aus der Mühle
Salz

Zubereitung:

Die Kräuter der Grünen Soße werden hier statt mit saurer Sahne und Joghurt mit Frischkäse angemacht. So wird die Soße dick und läuft nicht vom Sandwich.

Die Toastbrotscheiben toasten und mit der Remoulade bestreichen. Auf jeden Toast 1 Blatt Eisbergsalat geben. Auf 3 Scheiben Toast zusätzlich 1 Scheibe gekochten Schinken legen. Die Eier hart kochen, abschrecken, abkühlen lassen und pellen. In Scheiben schneiden, auf den Schinkenscheiben verteilen und mit Pfeffer und Salz würzen. Die Grüne Soße darüberstreichen und dann die Gurke ebenfalls in Scheiben darauf verteilen. Mit je 1 Scheibe Gouda abdecken und die andere Toastbrotscheibe mit Eisbergsalat darauflegen. Leicht zusammendrücken und diagonal durchschneiden. Auf einem großen Teller servieren.

RILETTES NACH ART DER METZGER AUS DER ALTEN MARKTHALLE

Die alte Markthalle zwischen Konstabler- und Hauptwache wurde im Krieg zerstört. Ursprünglich boten hier nur die Metzger und Gärtner ihre Waren an. Rillettes oder „Verhacktes", wie man es damals nannte, ist eine kräftige Fleischspezialität für die Wintermonate. Sie wird als kalte Vorspeise, häufig aber auch als Brotaufstrich oder als Vesper aufgetragen.

Für 20 Portionen:

2 ½ kg Schweinebauch, ohne Schwarte
200 ml Wasser
1 kleiner Bund Grüne-Soße-Kräuter
1 Lauchstange
1 Karotte
½ Sellerieknolle
2 Lorbeerblätter
2 Nelken
60 g Salz, grob
½ TL Pfeffer, frisch gemahlen

Zubereitung:

Den Schweinebauch in 3 bis 4 Zentimeter große Würfel schneiden. Das Fleisch mit sämtlichen Zutaten, jedoch ohne Salz, in einen Bräter geben. Den Deckel auflegen und im Ofen bei etwa 150 °C knapp unter dem Siedepunkt garen lassen. Von Zeit zu Zeit umrühren, damit es nicht anbrennt. Nach 5 bis 6 Stunden, wenn sich alles Fleisch von den Knochen gelöst hat, diese herausnehmen, das Fett abschöpfen und beiseitestellen. Die Fleischstücke mit einem Holzlöffel zerdrücken, so dass sich fettes und mageres Fleisch gut vermischen. Weitere 15 Minuten erhitzen, bis die Mischung, der nun das Salz beigegeben wird, den Siedepunkt erreicht.

In sterilisierte Gläser abfüllen, die Oberfläche flach streichen und das Fett darübergießen. Wenn nicht genügend Fett vorhanden ist, etwas erhitztes Schweineschmalz verwenden. Anschließend verschließen und abkühlen lassen.

Im Kühlschrank sind die Rillettes bis zu 3 Monate lang haltbar, sie sollten aber innerhalb 1 Woche nach Öffnen des Glases verzehrt werden.

TARTAR

Ein feines angemachtes Rinderhackfleisch, mit Butter und Brot serviert. Dazu wird eine Platte mit vielen Zutaten gereicht, die je nach Geschmack über das Tartar gegeben oder untergemischt werden.

Für 4 Portionen:

800 g Rinderfilet, gehackt
6 Eigelb
3 Zwiebeln, fein gehackt
Pfeffer aus der Mühle
Salz

weiter:
Kapern
Sardellenfilets
Zwiebeln, gehackt
Gewürzgurken, fein gehackt
Tabascosoße
Worcestersoße
Senf
Petersilie, gehackt
Schnittlauch, gehackt
Pfeffer
Salz

Zubereitung:

Das Hackfleisch in einer Schüssel mit dem Eigelb und den Zwiebeln gut mischen. Anschließend mit Pfeffer und Salz abschmecken und möglichst bald servieren.

Dazu Brot, Butter und die weiteren Zutaten zur Auswahl reichen.

RISSOLEN

Ein Rezept von Goethes Tante Melber aus Frankfurt. Alternativ zu Baguette kann man auch TK-Blätterteig verwenden.

Für 4 Portionen:

250 g Geflügelleber
2 Markknochen
2 Eier
2 Schalotten, fein gehackt
1 EL Petersilie, fein gehackt
Baguette
Semmelbrösel
Muskatblüte (Macis) oder Curry
etwas Ingwer, gemahlen
etwas Muskatnuss, gemahlen
Pfeffer aus der Mühle
Salz

Zubereitung:

Die Leber fein hacken und mit den Gewürzen in eine Schüssel geben. Das Mark ausschaben, ebenfalls hacken und zur Leber geben. Die Eier, die Schalotten und die Petersilie hinzugeben. Dann das Ganze zu einer geschmeidigen Farce rühren und mit Semmelbröseln binden.

Vom Baguette die Kruste entfernen, das Brot waagerecht in zwei Hälften schneiden, eine Hälfte mit der Farce bestreichen, mit der anderen Hälfte bedecken und an den Seiten zusammendrücken. In reichlich gutem Öl oder Butterschmalz schwimmend goldbraun ausbacken.

SACHSENHÄUSER SCHNEEGESTÖBER

Im Frankfurter Dialekt sagt man „dribb de Bach" (über den Bach), wenn man vom Stadtteil Sachsenhausen auf der anderen Seite des Mains spricht, der für seine zahlreichen Apfelweinwirtschaften bekannt ist.

Für 4 Portionen:

2 Camemberts
2 Frischkäse
40 g Butter, weich
2 Zwiebeln, fein gehackt
2 Prs. Paprika
weißer Pfeffer aus der Mühle
Petersilie, gehackt

Zubereitung:

Die Camemberts, den Frischkäse und die Butter in einer Schüssel mit einer Gabel gut zerdrücken und mischen.

Die Zwiebeln unterrühren und mit Paprika und Pfeffer abschmecken. Zum Servieren etwas Petersilie darüberstreuen und dazu Bauernbrot und Butter reichen.

HANDKÄS' MIT MUSIK

Der Handkäs´, ein Sauermilchkäse, wurde 1813 im nahen Groß-Gerau erfunden und, da preisgünstig, schnell zur beliebten Speise der „kleinen Leute". In den traditionellen Frankfurter Gastwirtschaften wird der Handkäse nur mit einem Messer serviert. Der Name „Musik" spielt hierbei auf die Geräusche an, die bei den anschließenden Verdauungsprozessen durch die rohen Zwiebeln entstehen.

Für 2 Portionen:

4 Handkäse

Musik:
8 EL Essig
4 EL Öl
4 EL Wasser
3 Zwiebeln, klein gewürfelt
Kümmel
Salz

weiter:
Bauernbrot
Butter

Zubereitung:

Für die Marinade (Musik) Essig, Öl und Wasser in einer Schüssel verrühren, mit Salz und Pfeffer kräftig würzen, die Zwiebeln und den Kümmel dazugeben.

Die Musik über dem Käse verteilen und durchziehen lassen.

Dazu Bauernbrot mit Butter reichen und Apfelwein oder Bier servieren.

EINGELEGTER HANDKÄSE

Ein Rezept aus Großmutters Zeit und eine gut schmeckende Alternative zu „Handkäs´ mit Musik".

Für 2 Portionen:

4 Handkäse
1 Becher Naturjoghurt
220 g Sahne
220 g saure Sahne
2 Zwiebeln, gehackt
1 Apfel
2 EL Öl
Pfeffer aus der Mühle
Salz

Zubereitung:

Den Apfel schälen, in Achtel schneiden, das Kerngehäuse entfernen und den Apfel in kleine Stücke schneiden.

Die Apfelstücke mit der Zwiebel, dem Joghurt, der Sahne, dem Öl sowie der sauren Sahne verrühren und mit Pfeffer und Salz würzen.

Die Handkäse in die Soße legen und im Kühlschrank mindestens 3 Stunden ziehen lassen.

Mit Brot oder Pellkartoffeln servieren.

IN APFELWEIN EINGELEGTER HANDKÄSE

Der Name „Handkäse" stammt von der ursprünglichen Herstellungsweise, bei der der Käse mit der Hand geformt wurde.

Für 5 Portionen:

10 Handkäse, reif
750 ml Apfelwein
10 Pfefferkörner
1 Apfel
4 Zwiebeln, in Scheiben geschnitten
6 EL Öl
etwas Kümmel
Paprikapulver
5 Laugenbrezeln

Zubereitung:

Den Handkäse in eine Schüssel legen und mit dem Apfelwein begießen. Die Pfefferkörner darüberstreuen. Den Apfel vierteln und mit den Zwiebeln darauf verteilen.

Das Gefäß mit Frischhaltefolie abdecken und mindestens 24 Stunden im Kühlschrank ziehen lassen.

Zum Servieren jeweils 2 Handkäse auf einen Teller legen, die Zwiebelringe aus dem Sud nehmen und über dem Käse verteilen. Das Öl mit etwas Sud mischen und darübergießen.

Mit etwas Paprikapulver und Kümmel bestreuen. Dazu Brezeln oder Bauernbrot reichen.

HANDKÄSE-CARPACCIO

Das Schneiden von dünnen Scheiben verbessert nicht nur das Aroma von Schinken und Salami, sondern auch das des Handläs´.

Für 5 Portionen:

200 g Handkäse, in dünne Scheiben geschnitten
1 gelbe Paprika, in feine Würfel geschnitten
100 g Champignons, in dünne Scheiben geschnitten
2 EL Balsamico-Essig
2 EL Olivenöl
Pfeffer aus der Mühle
Salz

Zubereitung:

Die Handkäsescheiben auf 4 Tellern anrichten und die Champignons und die Paprika darübergeben.

Den Essig mit Salz, Pfeffer sowie dem Öl verrühren und darüberträufeln.

Dazu Baguette reichen.

WÜRZIGES HANDKÄSE-TATAR

Für 2 Portionen:

400 g Handkäse
1 Zwiebel
2 EL Butter
2 EL Sahne
2 TL Senf
2 Eigelb
Paprikapulver

Zubereitung:

Den Handkäse und die Butter mit einer Gabel zerdrücken.

Die Zwiebeln ganz fein hacken, mit Senf, Paprika, Sahne und dem Eigelb vermischen und unter den Handkäse mengen.

Dazu frisches Brot reichen.

SECKBACHER HANDKÄSEBROT

Ein Geheimtipp in Frankfurts Apfelweinwirtschaften, wie zum Beispiel im „Rad".

Für 4 Portionen:

250 g Quark
4 Handkäse
1 Zwiebel, in Ringe geschnitten
2 EL Petersilie, gehackt
2 EL Schnittlauch, gehackt
4 Scheiben Brot
Butter nach Geschmack

Zubereitung:

Die Handkäse flach halbieren. Die Brote, wenn gewünscht, mit Butter bestreichen, dann mit dem Quark bestreichen und mit Schnittlauch und Petersilie bestreuen.

Je 2 Handkäsescheiben auf das Brot legen und mit Zwiebelringen belegen.

WESTEND-RÜHREIER

Frankfurts Single-Hochburg ist das Westend. Zu Füßen der Bankentürme frühstückt man dort sehr exklusiv in den zahlreichen Wohnhäusern der Gründerzeit. Von dort stammt das köstliche Rührei-Rezept.

Für 2 Portionen:

8 Eier
8 TL Butter
2 Scheiben Weißbrot
1 Prs. Salz
1 TL Petersilie, gehackt

Zubereitung:

Die Weißbrotscheiben in kleine Würfel schneiden und mit der Hälfte der Butter von beiden Seiten in einer Pfanne anbräunen. Anschließend herausnehmen und beiseitestellen.

Die Eier aufschlagen, in einer Schüssel mit dem Schneebesen verrühren und salzen. Die restliche Butter in der Pfanne erhitzen und die Eier hineingeben.

Während der Garzeit mit einem Holzlöffel leicht verrühren, damit sie nicht anbrennen. Vor Ende der Garzeit die Brotwürfel unterrühren.

Zum Servieren auf Teller geben und mit der Petersilie bestreuen.

SPECKPFANNKUCHEN

Goethe beeindruckte seine Gäste in Weimar gerne mit selbst gebackenen Speckpfannkuchen. Weitere Pfannkuchenrezepte gibt es im Kapitel „Süße Speisen".

Für 4 Portionen:

200 g Speck, durchwachsen
4 Eier
250 g Mehl
500 ml Milch
100 g Tomate, in Würfel geschnitten
100 g Lauch, in Ringe geschnitten
1 Zwiebel, gehackt
100 g Butter
Petersilie
Pfeffer aus der Mühle
Salz

Zubereitung:

Die Eier in einer Schüssel mit dem Mehl, der Milch und etwas Salz zu einem dünnen Teig verrühren. Den Speck in Würfel schneiden und in einer Pfanne anbraten. Den Lauch, die Tomaten und die Zwiebel hinzugeben. Mit Pfeffer würzen und die Pfanne vom Herd nehmen.

In einer weiteren Pfanne die Butter erhitzen, ein Viertel des Gemüses hinzufügen und mit einem Viertel des Teiges übergießen. Die Pfannkuchen auf beiden Seiten je 3 Minuten knusprig braten. Mit der gehackten Petersilie bestreut servieren.

Die restlichen Pfannkuchen ebenso zubereiten und dazu Salat reichen.

GRIEBENSCHMALZ

Schmeckt köstlich mit einer Prise Salz auf frischem Brot!

Für 24 Portionen:

1 kg Schweineflomen (Bauch-
wand- oder Rückenfett)
300 g Zwiebeln, fein gehackt
2 säuerliche Äpfel, geschält
und gewürfelt
Salz

Zubereitung:

Die Flomen in einem Topf bei mittlerer Hitze langsam auslassen. Die Zwiebeln hinzugeben und goldgelb braten. Dann die Apfelwürfel beigeben und gar ziehen lassen.

Anschließend den Topf vom Herd nehmen und das Schmalz während des Abkühlens mehrmals umrühren, so dass sich die Apfel- und Zwiebelstücke gleichmäßig verteilen.

Das Schmalz in ein Steingutgefäß füllen und im Kühlschrank fest werden lassen.

EINTÖPFE UND SUPPEN

FRANKFURTER SUPPE

Für 4 Portionen:

4 Frankfurter Würstchen
250 g Wirsing (-kohl)
200 g Suppengrün
3 Stängel Petersilie
1 Zwiebel, gehackt
1 ½ L Kalbsbrühe
125 ml saure Sahne
2 EL Butter
2 EL Schmalz
2 EL Mehl
Pfeffer aus der Mühle
Salz

Zubereitung:

Den Wirsing und das Suppengrün putzen und klein schneiden. Das Schmalz in einem Topf erhitzen und das Suppengrün mit dem Wirsing darin andünsten. Die Zwiebel hinzugeben und glasig braten. Anschließend die Kalbsbrühe angießen und alles 15 Minuten köcheln lassen.

Die Butter in einem kleinen Topf erhitzen, das Mehl hinzufügen und unter Rühren anschwitzen. Die Mehlschwitze in die Suppe rühren und 1 Minute aufkochen lassen.

Dann die Suppe durch ein Sieb in einen weiteren Topf streichen. Die saure Sahne hinzugeben und mit Pfeffer und Salz abschmecken.

Die Frankfurter Würstchen in Scheiben schneiden und 5 Minuten in der Suppe sanft köcheln lassen.

Heiß servieren und dazu ein Wasserbrötchen reichen.

FRANZOSESUPP'

Ein Frankfurter „Suppen-Klassiker": die sommerliche Gemüsesuppe „quer dorsch de Gadde".

Für 4 Portionen:

500 g Suppenknochen
500 g Suppenfleisch
50 g Schmalz
250 g Kartoffeln, gewürfelt
200 g Erbsen, frisch oder TK
½ Sellerieknolle, gewürfelt
3 Karotten, gewürfelt
1 Kohlrabi, gewürfelt
1 Stange Lauch, in Stücke geschnitten
1 Zwiebel
1 EL Petersilie, gehackt
Pfeffer aus der Mühle
Salz

Zubereitung:

Die Knochen mit der Zwiebel in einen Topf geben, 1 Liter Wasser hinzugießen, leicht salzen und 30 Minuten kochen. Dann das Fleisch hinzufügen und bei schwacher Hitze 90 Minuten simmern lassen.

Das Schmalz in einem Topf erhitzen und das Gemüse darin anrösten. Mit 250 ml heißem Wasser ablöschen und bei schwacher Hitze und geschlossenem Deckel etwa 15 Minuten garen.

Das Fleisch, die Knochen und die Zwiebel herausnehmen und die Brühe durch ein Sieb zum Gemüse gießen.

Das Fett vom Fleisch schneiden, das Fleisch würfeln, zur Suppe geben und nochmals aufkochen lassen.

Mit Pfeffer und Salz abschmecken und mit Petersilie bestreut servieren.

KERBELSUPPE

Kerbel ist ein klassisches Suppenkraut und natürlich ein Bestandteil der Grünen Soße.

Für 4 Portionen:

1 L Fleischbrühe
100 ml Weißwein, trocken
3 Eigelb
200 ml Sahne
2 EL Butter
1 EL Zwiebel, fein gehackt
4 EL Kerbel, fein gehackt
1 Lorbeerblatt
Pfeffer aus der Mühle
Salz

Zubereitung:

Die Butter in einem Topf erhitzen und die Zwiebel und den Kerbel darin andünsten. Mit der Fleischbrühe ablöschen, den Wein angießen, das Lorbeerblatt hinzugeben und bei mittlerer Hitze 10 Minuten kochen.

Dann den Topf vom Herd nehmen, die Sahne mit dem Eigelb in einer Schüssel verrühren, die Suppe damit legieren und mit Pfeffer und Salz abschmecken.

SUPPENGEMÜSE

Das Frankfurter Suppengemüse ist nicht zu verwechseln mit dem Suppengemüse oder Suppengrün, das man als Grundlage für Suppen und Brühen verwendet, wenngleich die Zutaten auch in diesem Gericht enthalten sind.

Für 4 Portionen:

300 g Linsen
500 g Lauch, in Stücke geschnitten
200 g Karotten, gewürfelt
100 g Sellerieknolle, in Würfel geschnitten
2 Zwiebeln, gehackt
2–3 Kartoffeln, in Würfel geschnitten
200 g Speck, durchwachsen
4 Frankfurter Würstchen
1 Eigelb
3 EL Sahne
500 ml Fleischbrühe
1 Knoblauchzehe, zerdrückt
etwas Essig
etwas Senf
Pfeffer aus der Mühle
Salz

Zubereitung:

Die Linsen über Nacht in einer Schüssel mit kaltem Wasser einweichen. Anschließend das Wasser abgießen, die Linsen mit Wasser abspülen und in einem Sieb abtropfen lassen.

Den Lauch, die Linsen, die Karotten, die Kartoffeln und den Sellerie in einem Topf mit Fleischbrühe 60 Minuten köcheln lassen.

Den Speck in kleine Würfel schneiden und in einer Pfanne auslassen, die Zwiebeln sowie den Knoblauch hinzugeben und anbraten. Dann zum Gemüse in den Topf geben. Mit Essig, Pfeffer, Salz und Senf abschmecken und pürieren.

Die Frankfurter Würstchen hineingeben und bei schwacher Hitze 10 Minuten ziehen lassen. Das Eigelb und die Sahne in einer Schüssel verquirlen, in der Suppe rühren und unter Rühren erhitzen, um die Suppe zu legieren, jedoch nicht mehr kochen lassen.

LINSENSUPPE

Früher roch am Samstagmittag ganz Frankfurt nach der traditionellen „Linsesupp", und so mancher abergläubische Frankfurter löffelt seine Linsensuppe besonders am Neujahrstag ganz aus, damit das Kleingeld im neuen Jahr nie ausging.

Für 4 Portionen:

200 g Linsen
250 g Wellfleisch oder Schwarte, gekocht
100 g Sauerkraut
125 ml saure Sahne
1 L Wasser
1 EL Butter
1 EL Mehl
Salz

Zubereitung:

Die Linsen etwa 2 Stunden einweichen, dann in einem Sieb mehrmals gut waschen und abgetropft in einen Topf geben. Den Topf mit Wasser auffüllen und die Linsen gar kochen. Sie sollten jedoch nicht zu weich werden. Dann die Suppe mit goldgelber Mehlschwitze aus Butter und Mehl binden.

Das Wellfleisch (oder die Schwarte) in Stücke schneiden und in der Suppe 20 Minuten köcheln lassen.

Das Sauerkraut fein hacken, hinzufügen und die Suppe mit Salz abschmecken.

Vor dem Servieren auf jeden Teller 1 Esslöffel saure Sahne geben und dazu kräftiges Bauernbrot reichen.

FRANKFURTER KARTOFFELSUPP

Eine deftige Suppe mit Würstchen, die man nach Belieben mit Speckwürfeln verfeinern kann.

Für 6 Portionen:

800 g Kartoffeln, mehlig kochend
6 Frankfurter Würstchen
1 Stange Lauch
½ Zwiebel, gehackt
1 L Geflügelbrühe
100 ml Sahne
1 EL Butter
1 EL Grüne-Soße-Kräuter, gehackt
1 TL Majoran
1 TL Senf
1 Msp. Muskatnuss, gemahlen
Salz

Zubereitung:

Die geschälten Kartoffeln in Würfel schneiden, in einen Topf geben, die Geflügelbrühe hinzugießen und die Kartoffeln weich kochen. Den Lauch in kleine Streifen schneiden.

Die Butter in einer Kasserolle erhitzen und den Lauch mit den Zwiebeln, den Grüne-Soße-Kräutern und dem Majoran anschwitzen. Anschließend zu den Kartoffeln geben und mit dem Pürierstab pürieren. Die Sahne unterrühren und die Suppe mit Senf, Muskatnuss und Salz abschmecken.

Die Frankfurter Würstchen in Scheiben schneiden und in der Suppe 5 Minuten erwärmen.

SÄMIGE KARTOFFELSUPPE

Für 4 Portionen:

1 kg Kartoffeln, in dünne Scheiben geschnitten
100 g Dörrfleisch, gewürfelt
100 g Zwiebeln, gewürfelt
1 Bund Suppengrün, gewürfelt
1 L Rinderbrühe
100 ml Sahne
1 EL Schmalz
1 Lorbeerblatt
5 Wacholderbeeren
2 Scheiben Brot
1 Prs. Zucker
Pfeffer aus der Mühle
Salz

Zubereitung:

Das Schmalz in einem Topf erhitzen und das Dörrfleisch darin braten. Das Suppengrün, die Zwiebel, die Wacholderbeeren, das Lorbeerblatt, Zucker, Pfeffer und Salz hinzugeben und kurz anschwitzen. Mit der Brühe ablöschen, die Kartoffelscheiben zufügen und 30 Minuten kochen.

Das Lorbeerblatt und die Wacholderbeeren herausnehmen, die Suppe mit dem Schneebesen oder Pürierstab pürieren und die Sahne unterrühren. Mit Pfeffer und Salz abschmecken. Das Brot entrinden, in kleine Würfel schneiden und in etwas Butter knusprig anbraten.

Die Suppe in Teller füllen und mit den Brotwürfeln bestreuen. Wer mag, kann Frankfurter Würstchen in der Suppe servieren.

HANDKÄSESUPPE

Eine köstliche Kartoffelsuppe mit Handkäse-Stückchen, die erst kurz vor dem Servieren in die Suppe gegeben werden. Die Suppe kann nicht noch einmal erhitzt werden.

Für 4 Portionen:

250 g Handkäse, in Würfel geschnitten
100 g Speck, fein gewürfelt
250 g Kartoffeln, gekocht
2 Zwiebeln, fein gewürfelt
1 Stange Lauch, in Streifen geschnitten
1 Knoblauchzehe, zerdrückt
750 ml Gemüse- oder Rinderbrühe
Majoran, gerebelt
Kümmel, gemahlen
Pfeffer aus der Mühle
Salz

Zubereitung:

Den Speck mit den Zwiebeln und dem Knoblauch in einer Kasserolle anschwitzen.

Die in Würfel geschnittenen Pellkartoffeln hinzugeben und mit der Brühe ablöschen. Mit etwas Salz, frisch gemahlenem Pfeffer und Kümmel sowie etwas Majoran abschmecken.

Nach dem Aufkochen den in Würfel geschnittenen Handkäse hinzugeben. Die Suppe in Tassen füllen und sofort servieren.

GRÜNE SUPPE

Ein Rezept aus „Das kleine Frankfurter Kochbuch" von 1789. Die Frankfurter Fastnacht (Fassenacht) ist älter als die Mainzer Fastnacht und der Kölner Karneval. Traditionell reichten die Frauen zum Abschluss der tollen Tage am Aschermittwoch eine Grüne Suppe.

Für 4 Portionen:

1 Bund Grüne-Soße-Kräuter, gehackt
1 EL Butter
1 L Fleischbrühe
3–4 Eigelb
4 EL Sahne
Salz

Zubereitung:

Die Butter in einem Topf erhitzen und die Kräuter darin 1 bis 2 Minuten „schwädmen" (anschwitzen).

Die Fleischbrühe angießen und diese Suppe bei schwacher Hitze 20 Minuten köcheln lassen.

Dann die Suppe vom Herd nehmen. Das Eigelb und die Sahne in einer Schüssel verquirlen und unter die nicht mehr kochende Suppe rühren. Mit Salz abschmecken.

SCHÖPSENEINTOPF

Schöpsen: ein Frankfurter Küchenklassiker aus Lamm oder Hammel.

Für 4 Portionen:

1 kg Lammfleisch, in Würfel geschnitten
1 kg Kartoffeln
2 EL Öl
2 Zwiebeln
125 ml Wasser
250 ml Fleischbrühe
2 Karotten
1 Stange Lauch
500 g grüne Bohnen
Thymian und Majoran
Pfeffer aus der Mühle
Salz

Zubereitung:

Das Lammgulasch scharf im Öl anbraten und mit etwas Salz und Pfeffer würzen. Mit dem Wasser ablöschen und in der Pfanne so lange schmoren lassen, bis alle Flüssigkeit einreduziert ist.

Die klein geschnittenen Kartoffeln und die Bohnen mit kochendem Wasser überbrühen und kurz darauf die Flüssigkeit wieder abgießen.

Die Karotten, den Lauch und die Zwiebeln in kleine, mundgerechte Würfel schneiden und vermischen. Die Zutaten in 2 Lagen in eine Auflaufform füllen. Dafür jeweils das Fleisch, das gewürfelte Gemüse, die Kartoffelscheiben und die Bohnen schichten und dabei würzen.

Die Fleischbrühe angießen. Die geschlossene Auflaufform in den auf 200 °C vorgeheizten Backofen stellen und 1 Stunde garen lassen.

Der Schöpseneintopf wird in der Auflaufform heiß serviert.

BOCKENHEIMER HAMMELRAGOUT

Bockenheim ist der bevölkerungsreichste Stadtteil der Mainmetropole und ihr geografischer Mittelpunkt. Über viele Jahrhunderte war das Dorf vor den Toren der Stadt Frankfurt berühmt für sein Wild und die Schafzucht.

Für 4 Portionen:

750 g Hammelschulter
5 EL Olivenöl
2 Zwiebeln, gehackt
1 ½ EL Mehl
125 g Tomaten
250 ml Fleischbrühe
150 ml Rotwein, trocken
150 ml Sahne
2 EL Tomatenmark
2 Stängel Dill, die Spitzen abgezupft
2 Lorbeerblätter
2 Nelken
5 Pfefferkörner
Pfeffer aus der Mühle
Salz

Zubereitung:

Die Hammelschulter in walnussgroße Würfel schneiden. Das Öl in einem Bräter erhitzen und das Fleisch darin anbraten. Die Zwiebeln hinzugeben, anschwitzen, mit Mehl bestäuben und unter Rühren weitere 2 bis 3 Minuten braten.

Dann die Tomaten, das Tomatenmark, die Nelken, die Lorbeerblätter und die Pfefferkörner hinzufügen. Mit der Fleischbrühe ablöschen und den Wein angießen. Bei geschlossenem Deckel 45 Minuten garen.

Vor dem Servieren die Dillspitzen hineinstreuen, die Sahne unterrühren und das Ragout mit Pfeffer und Salz abschmecken.

Dazu Klöße oder Kartoffelpüree servieren.

METZELSUPP'

Eine Wurstsuppe oder -brühe, die es früher nur am Schlachttag gab. Es ist und war der Kochsud für die Würste, und oft ließ man 1 oder 2 Würste absichtlich platzen, um einen besseren Geschmack zu bekommen. Nach dem folgen Rezept kann man diese Suppe auch ohne Schlachttag zubereiten. Dafür nimmt man Blut- und Leberwürste, die man erhitzen kann — die also nicht geräuchert sind.

Für 4 Portionen:

2 kleine Leberwürste, zum Erhitzen
2 kleine Blutwürste, zum Erhitzen
1 Zwiebel, in Streifen geschnitten
2 EL Schweineschmalz
1 ½ L Fleischbrühe
1 TL Majoran, gerebelt
1 EL Schnittlauch, gehackt
etwas Muskatnuss, gerieben
Pfeffer aus der Mühle
Salz

Zubereitung:

Das Schmalz in einem Topf erhitzen, die Zwiebel darin goldbraun anbraten und mit der Fleischbrühe ablöschen. Die Würste pellen, zerbröckeln, in das Wasser geben und aufkochen lassen. Mit etwas Muskat, Pfeffer und Salz würzen. Dann den Majoran hinzufügen und die Suppe 5 Minuten bei mittlerer Hitze köcheln lassen. Vor dem Servieren den Schnittlauch darüberstreuen und dazu Bauerbrot reichen.

APFELWEINSUPPE

Auch „Ebbelwoisupp" genannt.

Für 4 Portionen:

1 ½ L Apfelwein
500 ml Mineralwasser
200 ml Hühnerbrühe
1 EL Schmand
2 Eigelb
2 Zitronenscheiben
1 Zimtstange
130 g Zucker

Zubereitung:

Den Apfelwein mit dem Wasser in einen beschichteten Topf gießen. Den Zucker, den Zimt und die Zitronenscheiben hinzugeben.

15 Minuten bei mittlerer Hitze kochen. Den Schmand mit dem Schneebesen unter die Suppe schlagen.

Erneut aufkochen lassen, dann den Topf vom Herd nehmen und mit dem Eigelb legieren.

Die Hühnerbrühe unterrühren und servieren.

SAUERKRAUTSUPPE

Für 4 Portionen:

200 g Sauerkraut
5 Scheiben Frühstücksspeck (Bacon)
1 Zwiebel, fein gehackt
2 Frühlingszwiebeln, fein gehackt
1 L Fleischbrühe
250 g saure Sahne
100 ml Apfelwein
1 Ei
1 Prs. Majoran
1 Prs. Kümmel

Zubereitung:

Den Speck in dünne Streifen schneiden, in einen Topf geben und mit der Zwiebel und den Frühlingszwiebeln anschwitzen.

Das Sauerkraut klein schneiden, in den Topf geben und mit dem Apfelwein ablöschen.

Anschließend die Fleischbrühe angießen, kurz aufkochen lassen und mit Majoran, Pfeffer, Salz und Kümmel würzen.

Den Topf vom Herd nehmen, das Ei in einer kleinen Schüssel verschlagen und in die Suppe einrühren.

Vor dem Servieren den Schmand unterziehen.

Dazu Brot reichen.

FRANKFURTER JOHANNISLAUCH

Die Lauchzwiebeln werden am 24. Juni serviert, was ihnen auch den Beinamen „Johannislauch" — nach dem Heiligen dieses Tages — einbrachte.

Für 4 Portionen:

1 kg Lauchzwiebeln
100 g Dörrfleisch, in Würfel geschnitten
250 ml Fleischbrühe
2 EL Öl
1 TL Weinessig

Zubereitung:

Die Lauchzwiebeln putzen. Die Fleischbrühe in einem Topf zum Kochen bringen. Die Lauchzwiebeln darin 5 Minuten bei mittlerer Hitze ziehen lassen.

Das Öl in einer Pfanne erhitzen und das Dörrfleisch darin anbraten. Die Hitze reduzieren, den Essig hinzugießen und verrühren.

Die Lauchzwiebeln mit der Brühe auf Tellern verteilen und das Dörrfleisch darübergeben. Mit Brot servieren.

MAUSOHRENSUPPE

Mausohren oder Mäuseöhrchen wird in Frankfurt der Feldsalat wegen seiner Form genannt. Die Suppe ist köstlich und gesund. Wer mag, kann noch geröstete Brotwürfel darüberstreuen.

Für 4 Portionen:

250 g Mausohrensalat (Feldsalat)
400 g Kartoffeln, mehlig kochend
1 Zwiebel, fein gehackt
70 g roher Schinken, in dünne Streifen geschnitten
1 Knoblauchzehe, fein gehackt
1 TL Zitronensaft
500 ml Gemüsebrühe
100 g Sahne
1 Spritzer Worcestersoße
2 EL Butter
1 Prs. Zucker
Pfeffer aus der Mühle
Salz

Zubereitung:

Die Kartoffeln in Scheiben schneiden. Die Butter in einem hohen Topf erhitzen und die Zwiebeln und den Knoblauch darin anbraten. Mit der Gemüsebrühe ablöschen, die Kartoffelscheiben hinzugeben und bei geschlossenem Deckel etwa 20 Minuten köcheln lassen.

Die Schinkenstreifen in einer Pfanne knusprig ausbraten. Den Feldsalat putzen und ein paar Blättchen zur Seite legen. Die Sahne und den Feldsalat zur Gemüsebrühe geben und mit dem Pürierstab pürieren.

Die Suppe in Teller füllen, den Schinken darüberstreuen und mit den beiseitegelegten Salatblättchen garniert servieren.

LINSENEINTOPF MIT FORELLE

Für 4 Portionen:

2 Forellenfilets, geräuchert
50 g Frühstücksspeck
120 g braune Tellerlinsen
1 Bund Suppengemüse
   (Karotte, Lauch und Sellerie)
1 Zwiebel, fein gehackt
2 Lauchzwiebeln
600 ml Geflügelbrühe
2 EL Olivenöl
1 EL Essig
2 TL Butter, kalt
1 Prs. Zucker
Pfeffer aus der Mühle
Salz

Zubereitung:

Die Linsen 2 Stunden in einer Schüssel mit reichlich Wasser einweichen. Das Suppengemüse putzen und in feine Würfel schneiden. Die Lauchzwiebeln und den Frühstücksspeck in feine Streifen schneiden. Das Olivenöl in einem Topf erhitzen und die Zwiebel darin anschwitzen.

Das Wasser von den Linsen abgießen, die Linsen in den Topf geben und die Geflügelbrühe angießen. 50 Minuten bei schwacher Hitze köcheln lassen. Dann das Suppengemüse hinzugeben und weitere 15 Minuten kochen.

Die Speckstreifen in einer Pfanne knusprig braten. Die Forellenfilets häuten und im auf 70 °C vorgeheizten Ofen erwärmen.

Den Linseneintopf mit Salz, Pfeffer, Zucker und Essig abschmecken. Die Butter unterziehen und den Eintopf in Suppentellern anrichten. Das Forellenfilet teilen, darauflegen und mit den Lauchzwiebeln und dem Speck bestreuen.

SACHSENHÄUSER FISCHSUPPE

Sachsenhausen („Dribbdebach") liegt am südlichen Mainufer und war früher die Heimat der Fischer und Schiffer.

Für 4 Portionen:

400 g Fischfilet (Forelle, Karpfen, Zander, Flussbarsch)
Fischreste (Köpfe, Flossen, kleine Fische „Meefischli")
1 ½ Liter
1 Zwiebel, halbiert
1 Karotte
125 ml Sahne
1 EL Weißwein, trocken
etwas Petersilie, fein gehackt
2 Lorbeerblätter
4 Wacholderbeeren
2 Knoblauchzehen
Pfeffer aus der Mühle
Salz

Zubereitung:

Die Fischreste in einen Topf mit dem Wasser geben. Die Zwiebel, die Lorbeerblätter, die Wacholderbeeren sowie den Knoblauch hinzugeben und 45 Minuten bei schwacher Hitze köcheln lassen.

Dann durch ein feines Sieb in einen Topf gießen und erneut aufkochen lassen. Die Fischfilets in mundgerechte Stücke schneiden und mit der Sahne in den sanft kochenden Sud geben. 20 Minuten köcheln lassen und mit Pfeffer, Salz und Wein abschmecken.

Die Suppe auf Teller verteilen und mit etwas Petersilie bestreut servieren.

Dazu Baguette reichen.

GERICHTE MIT FLEISCH

RIPPCHEN MIT KRAUT

„Rippsche", so nennt man in Frankfurt die leicht gepökelten Koteletts. Sie werden auch gerne kalt oder nur kurz auf dem Sauerkraut erwärmt mit einer Scheibe Bauernbrot und Senf serviert.

Für 4 Portionen:

4 Rippchen
750 g Sauerkraut
1 Zwiebel, fein gehackt
1 Apfel, klein
125 ml Apfelwein
2 Lorbeerblätter
6 Wacholderbeeren

Zubereitung:

Den Apfel schälen, das Kerngehäuse ausstechen und ihn in dünne Scheiben schneiden. Das Sauerkraut in einen Topf geben.

Die Zwiebel, die Apfelscheiben, die Wacholderbeeren und die Lorbeerblätter daruntermischen. Den Apfelwein hinzugießen und die Rippchen auf das Kraut legen.

Das Ganze bei geschlossenem Deckel und schwacher Hitze 40 Minuten köcheln lassen.

Anschließend das Kraut und die Rippchen auf Tellern anrichten. Dazu Kartoffelbrei reichen.

FRANKFURTER PFANNE

Die „Frankfurter Pfanne" ist ein gebräuchlicher Ziegel auf deutschen Dächern. Neben dem Dachziegel wird ein gleichnamiges rustikales Bratkartoffelgericht ebenfalls geschätzt.

Für 2 Portionen:

1 kg Pellkartoffeln vom Vortag, in Scheiben geschnitten
200 g Frankfurter Würstchen
60 g Sauerkraut
2 Zwiebeln
60 g Butter
1 EL Schmalz
1 EL Petersilie, gehackt
etwas Salz

Zubereitung:

Die Butter und das Schmalz in einer Pfanne erhitzen und die in Würfel geschnittenen Zwiebeln darin leicht bräunen. Die Pellkartoffeln hinzugeben, salzen und 10 bis 15 Minuten bräunen lassen.

Die Frankfurter Würstchen in Scheiben schneiden und mit dem Sauerkraut unter die Kartoffeln heben. 5 Minuten mitbraten, dann mit Petersilie bestreuen und in der Pfanne servieren.

TAFELSPITZ MIT GRÜNER SOSSE

Wie zum Ausgleich dafür, dass man in der österreichischen Landeshauptstatt die Frankfurter Würstchen „Wiener" nennt, haben die Frankfurter den Tafelspitz aus der Wiener Küche vereinnahmt und geben statt „Kren" (Meerrettich) ihre Grüne Soße dazu.

Für 10 Portionen:

2 kg Tafelspitz
300 g Karotten, gewürfelt
300 g Sellerie, gewürfelt
1 kleine Stange Lauch
1 Zwiebel
1 Lorbeerblatt
einige Pfefferkörner
Salz
Grüne Soße (siehe Rezept)
Salzkartoffeln

Zubereitung:

Den Lauch längs halbieren. Die Zwiebel halbieren und in einer Pfanne ohne Fett auf der Schnittfläche gut anrösten. Das Fleisch und das Gemüse in einem Suppentopf mit dem Lorbeerblatt, den Gewürzen sowie etwas Salz und so viel Wasser hinzugeben, dass das Fleisch bedeckt ist. Das Wasser ohne Deckel zum Kochen bringen und den Schaum an der Oberfläche mit einer Schaumkelle abschöpfen. Nach einigen Minuten die Hitze reduzieren und bei schwacher Hitze 2 ½ bis 3 Stunden gar ziehen lassen.

Anschließend das Fleisch aus dem Kochsud nehmen, quer zur Faser in ½ cm dicke Scheiben schneiden und auf Tellern anrichten. Dazu Salzkartoffeln auf die Teller legen und die Grüne Soße darübergießen.

FRANKFURTER GEKOCHTE OCHSENBRUST MIT GRÜNER SOSSE

Für 4 Portionen:

- 1–1 ½ kg Ochsenbrust
- 1 ½ L Fleischbrühe
- 2 Karotten, in Scheiben geschnitten
- 1 Stange Lauch, in Ringe geschnitten
- 1 Stück Sellerie, in Würfel geschnitten
- 2 Nelken
- Pfeffer aus der Mühle
- Salz
- Grüne Soße (siehe Rezept)

Zubereitung:

Die Ochsenbrust waschen und mit Salz und Pfeffer einreiben.

Die Fleischbrühe in einem Topf erhitzen und darin die Ochsenbrust 65 Minuten sanft köcheln lassen.

Anschließend die Karotten, den Lauch, den Sellerie und die Nelken hinzugeben und 20 Minuten köcheln lassen.

Dann die Ochsenbrust herausnehmen, aufschneiden und mit Pellkartoffeln und Grüner Soße servieren.

MUTTER HOFFMANNS ROULADEN

Heinrich Hoffmann war der Herausgeber des „Frankfurter Hinkenden Boten" und Autor des „Struwwelpeter", den er schrieb, um seinen kranken Sohn zu unterhalten. Im Gegensatz zu der heutigen Zubereitung von Rouladen soll Großmutter Hoffmann die Rouladen mit einer dünnen Scheibe Speck umwickelt und auf dem Rost im Backofen gegrillt haben. Der Speck verhinderte, dass die Roulade trocken wurde.

Für 4 Portionen:

4 sehr dünne Scheiben vom Rind (Rouladen)
4 EL scharfer Senf
4 Scheiben Speck oder Rauchfleisch
2 Essiggurken, in feine Streifen geschnitten
4 hart gekochte Eier, gehackt
500 ml Rotwein
500 ml Fleischbrühe
5 Zwiebeln, fein gehackt
200 g Champignons, fein gehackt
2–3 EL Preiselbeerkonfitüre
Rosmarin
Thymian
200 g Sahne
Öl zum Braten
Pfeffer aus der Mühle
Salz

Zubereitung:

Je eine Seite des Rouladenfleischs mit dem Senf bestreichen, pfeffern und salzen.

Je 1 Speckscheibe darauflegen und darüber mehrere Essiggurkenstreifen. Zuletzt das Ei daraufgeben.

Das Fleisch zu einer Roulade rollen und mit Küchengarn umwickeln. In einer Pfanne etwas Öl erhitzen und die Rouladen von jeder Seite kurz anbraten. Anschließend die Zwiebeln und Pilze hinzufügen.

Den Rotwein sowie die Brühe angießen und die Preiselbeerkonfitüre dazugeben. Mit etwas Rosmarin, Thymian, Salz und Pfeffer abschmecken.

Zugedeckt 20 bis 30 Minuten köcheln lassen. Dann die Rouladen herausnehmen und im auf 50 °C vorgeheizten Backofen warm stellen.

Die Bratensoße mit der Sahne verfeinern und binden. Zum Servieren die Rouladen auf Teller legen, mit der Soße übergießen und dazu gegartes Gemüse reichen.

SACHSENHÄUSER DIPPEHAS'

Ein Frankfurter „Küchen-Klassiker", bei dem ein Hase im Topf („Dippe") gebraten wird. Ein Gericht für die kalte Jahreszeit.

Für 4 Portionen:

1 Hase oder Kaninchen, in Portionen geschnitten
750 g Dörrfleisch, in Würfel geschnitten
750 g Bauchfleisch, in Würfel geschnitten
7 Zwiebeln, in Ringe geschnitten
1 L Apfelwein
100 ml Sahne
7 EL Mehl
2 Lorbeerblätter
1 Nelke
1 TL Kümmel
3 Wacholderbeeren
Pfeffer aus der Mühle
Salz

Zubereitung:

Das Dörrfleisch in einen Bräter legen, das Fett auslassen und die Zwiebeln darin schmoren. Das Bauchfleisch hinzufügen, kurz anbraten, ebenfalls die Hasenstücke. Die Lorbeerblätter, die Nelke, den Kümmel und die Wacholderbeeren hinzugeben, mit dem Apfelwein ablöschen und mit Pfeffer und Salz würzen.

Mit dem Mehl bestäuben und bei geschlossenem Deckel etwa 2 Stunden köcheln lassen. Während dieser Zeit gelegentlich Apfelwein nachgießen. Anschließend das Fleisch aus der Pfanne nehmen und warm stellen.

Die Soße durch ein Sieb in eine Kasserolle gießen, die Sahne zugeben und die Soße zur gewünschten Konsistenz reduzieren.

Dazu Klöße, Salat und ein Glas Apfelwein reichen.

FRIKADELLEN NACH ART VON GOETHES GROSSMUTTER

Im Nachlass von Anna Margaretha Justina Lindheimer, der Großmutter von Johann Wolfgang von Goethe, fand man zahlreiche Rezepte, unter anderem auch die folgende Variante für Frikadellen. Die Zutaten sind original aus dem Jahre 1724, doch die Maßangaben sind aktuellen Rezepturen entnommen, da sie sonst für den heutigen Geschmack zu sehr nach den Gewürzen schmecken würden.

Für 4 Portionen:

500 g Rinderhackfleisch
100 g Speck
100 g Semmelbrösel
2 Eier
1 EL Zitronensaft
½ TL Gewürznelken, gemahlen
1 Msp. Muskatnuss, gemahlen
½ TL Ingwer, frisch gerieben
Öl oder Fett zum Braten
Salz

Zubereitung:

Den Speck sehr fein würfeln und mit dem Hackfleisch in einer Schüssel gut vermischen. Die Eier und die Semmelbrösel zugeben, untermischen und 5 Minuten stehen lassen. Anschließend den Zitronensaft unterrühren, bevor man die Gewürze zugibt. Erneut 5 Minuten ruhen lassen, nochmals mischen und mit den Händen Frikadellen formen.

Öl oder Fett in einer Pfanne erhitzen und die Frikadellen bei moderater Temperatur gut durchbraten.

Sie schmecken besonders gut zu Kartoffelsalat oder Bratkartoffeln.

FRANKFURTER SURF AND TURF

Das „Surf and Turf" steht für die köstliche Kombination von Meeresfrüchten mit Fleisch. Ursprünglich waren das Hummerschwänze mit Steak, was in „Mainhattan" jedoch bald zu Rippchen und heimischen Flusskrebsen wurde.

Für 4 Portionen:

4 Rippchen, vorgekocht, je 2 cm dick
12 Flusskrebse, geschält
4 EL Olivenöl
½ Zitrone, Saft davon
100 ml Tomatenketchup
1 TL Thymian, frisch, gehackt
schwarzer Pfeffer aus der Mühle
Salz

Beilagen:
Kartoffelbrei (siehe Rezept)
1 große gelbe Rübe
2 Karotten
½ Sellerieknolle
Gemüsefond
Butter
Salz

Zubereitung:

Den Backofen auf 80 °C vorheizen und eine Platte sowie 4 Teller darin wärmen. Die Rippchen mit Pfeffer und Salz auf beiden Seiten würzen. Das Öl in einer Pfanne erhitzen und die Rippchen 1 ½ bis 2 Minuten auf jeder Seite braten. Sie sollten an der Oberfläche etwas braune Farbe erhalten.

Dann die Rippchen auf einer Platte in den Backofen geben, mit Aluminiumfolie abdecken und etwa 10 Minuten ruhen lassen, bis die Flusskrebse und die Beilagen zubereitet sind.

Die Flusskrebse in einem Sieb unter kaltem Wasser abspülen und mit Küchenpapier trocken tupfen. In der Pfanne mit dem Fett vom Anbraten der Rippchen knapp 1 Minute braten. Wenn nötig, noch etwas Olivenöl hinzugeben. Dann herausnehmen und ebenfalls im Ofen warm stellen. Den Bratensatz mit dem Zitronensaft bei mittlerer Hitze lösen. Den Ketchup und den Thymian zufügen sowie den ausgetretenen Fleischsaft. Die Soße gut verrühren.

Für die Beilage den Kartoffelbrei nach Rezept bereiten. Die Karotten, die gelbe Rübe und den Sellerie schälen, in feine Streifen schneiden und mit etwas Butter und Gemüsefond weich kochen.

Etwas Kartoffelbrei auf einem vorgewärmten Teller verteilen. Auf eine Hälfte das Gemüse, das Rippchen auf die andere Seite legen, die Flusskrebse obenauf platzieren und mit der Soße übergießen.

GEKOCHTE HASPEL

Haspel wird in Frankfurt ein Eisbein genannt.
Sie wird mit Senf, Sauerkraut und Püree serviert.

Für 4 Portionen:

1 kg Haspel (Eisbein oder Haxe), gepökelt
1 Lorbeerblatt
4 Wacholderbeeren

Sauerkraut:
750 g Sauerkraut
1 Zwiebel, fein gehackt
4 EL Öl
1 TL Zucker
250 ml Fleischbrühe

Zubereitung:

Das Eisbein in einen Topf mit kaltem Wasser legen. Das Lorbeerblatt und die Wacholderbeeren hinzufügen und alles zum Kochen bringen. Dann die Hitze reduzieren und bei schwacher Hitze 2 Stunden köcheln lassen.

Für das Sauerkraut: Die Zwiebel im Öl glasig dünsten, die Fleischbrühe, den Zucker und das Sauerkraut hinzufügen. Bei schwacher Hitze 40 Minuten köcheln lassen.

Die Haspel auf dem Sauerkraut anrichten und mit Brot oder Kartoffelpüree servieren.

SCHÄUFELCHEN

Wird klassisch aus gepökelter Schweineschulter bereitet, doch nimmt man auch gerne Lammschulter.

Für 6 Portionen:

1 ½ kg Schäufelchen, ohne Knochen
500 ml Weißwein, trocken
1 ½ L Wasser
1 Zwiebel
1 Lorbeerblatt
2 Gewürznelken
1 Zweig Thymian
1 TL weiße Pfefferkörner

weiter:
Kartoffelgemüse (siehe Rezept) oder Klöße (siehe Rezept)
Sauerkraut (siehe Rezept)

Zubereitung:

Das Wasser und den Wein in einen großen Topf gießen. Die Zwiebel mit den Nelken spicken und mit dem Lorbeer, dem Thymian, dem Pfeffer und dem Schäufelchen in den Topf geben und bei schwacher Hitze 2 Stunden gar ziehen lassen.

Das Fleisch quer zur Faser in Scheiben schneiden und mit etwas Kochsud beträufeln. Die Schäufelchen auf dem Sauerkraut und den Knödeln oder dem Kartoffelgemüse auf Tellern anrichten. Nach Geschmack Senf dazu reichen.

FRANKFURTER SCHÖPSENBRATEN

Das Fleisch für dieses Gericht stammt vom gemästeten einjährigen „Schöpsen" (Lamm). Man beginnt 4 Tage zuvor mit den Vorbereitungen.

Für 6 Portionen:

1 ½ kg Lammkeule, ohne Knochen
2 Zwiebeln, gehackt
2 Karotten, gewürfelt
6 Knoblauchzehen
750 ml Weißwein, trocken
4 cl Weinbrand
2 EL Olivenöl
2 Lorbeerblätter
1 Zweig Thymian
10 Pfefferkörner, schwarz
1 TL Speisestärke
Pfeffer aus der Mühle
Salz

Zubereitung:

Die Knoblauchzehen in Stifte schneiden und die Lammkeule damit spicken. Dann die Keule in eine große Schüssel legen. In einer weiteren Schüssel den Wein, das Öl, die Lorbeerblätter, den Thymian, die Zwiebeln und die Karotten mischen und anschließend über die Keule gießen. Die Pfefferkörner hineinstreuen. Mit Frischhaltefolie abdecken und im Kühlschrank 4 Tage marinieren, während dieser Zeit täglich wenden.

Anschließend aus der Marinade nehmen, mit Küchenkrepp trocken tupfen und auf dem Rost des auf 220 °C vorgeheizten Backofens etwa 40 Minuten braten. Anschließend den Ofen abschalten, um das Fleisch einige Minuten ruhen zu lassen, bevor man es zum Servieren in Scheiben schneidet.

Die Marinade in einen Topf geben, auf die Hälfte einkochen lassen, durch ein Sieb passieren, den Cognac hinzugießen und mit der in etwas Wasser gelösten Speisestärke unter Rühren binden. Die Soße über das Fleisch gießen und dazu Salz- oder Pellkartoffeln reichen.

RINDERGULASCH NACH ART DER SACHSENHÄSER BRAUMEISTER

Bereits 1655 beginnt die Firmengeschichte der Henninger-Brauerei. Mit ihr erhielt die Stadt Frankfurt nicht nur das „Kaiser Pilsner", sondern auch ein Wahrzeichen: den Henninger-Turm im Stadtteil Sachsenhausen. Der Turm mit seiner sich drehenden Aussichtsplattform ist das ehemalige Brauerei-Silo und war bis in die 70er Jahre des vergangenen Jahrhunderts Frankfurts höchstes Gebäude.

Für 5 Portionen:

- 1 kg Rindfleisch, mager
- 100 g Speck
- 250 ml Rinderbrühe
- ½ Flasche Bier (Pils oder Export)
- 400 ml Wasser
- 50 g Butter
- 800 g Zwiebeln, in Scheiben geschnitten
- 2 Knoblauchzehen, zerdrückt
- 1 Kräutersträußchen (Bouquet garni)

Zubereitung:

Den Speck in Würfel schneiden und in einer Pfanne anbraten. Die Würfel herausnehmen und das ausgelassene Fett in eine kleine Schüssel gießen. Die Butter in der Pfanne schmelzen lassen und die Zwiebeln darin glasig dünsten. Anschließend aus der Pfanne nehmen, etwas von dem ausgelassenen Fett wieder hineingießen und das in mundgerechte Stücke geschnittene Rindfleisch darin kräftig anbraten.

1 EL Petersilie, gehackt
2 EL Mehl
1 TL Zucker
1 EL Essig
schwarzer Pfeffer aus der Mühle
Salz

Dann mit dem Kräutersträußchen in einen Bräter geben.

Das restliche Fett in die Pfanne geben. Mit dem Mehl verrühren und unter Rühren goldgelb werden lassen. Vom Herd nehmen, die Rinderbrühe sowie das Bier unterrühren und erneut zum Kochen bringen. Wenn die Soße eindickt, den Knoblauch, den Zucker und den Essig hinzugeben. Die Soße noch 3 Minuten köcheln lassen und mit Pfeffer und Salz abschmecken.

Die Zwiebeln über die Fleischstücke verteilen und die Soße darübergießen. Im auf 180 °C vorgeheizten Backofen und bei geschlossenem Deckel etwa 1 ½ Stunden garen. Wenn nötig, in dieser Zeit noch etwas Bier nachgießen.

Vor dem Servieren das Kräutersträußchen entfernen, die Speckwürfel sowie die Petersilie darüberstreuen.

Dazu Kartoffelklöße oder Brot und ein Glas Bier reichen.

FRANKFURTER KLÖSSE AUF DEFTIGE ART

Für 4 Portionen:

Kloßteig:
750 g Kartoffeln, roh
250 g Kartoffeln, gekocht
½ Ei
½ Zwiebel, fein gehackt
½ trockenes Brötchen
1 EL Mehl
Pfeffer aus der Mühle
Salz

Füllung:
200 g Hackfleisch, gemischt
30 g Lauch, fein gehackt
etwas Muskatnuss, gerieben
Majoran, gerebelt
Pfeffer aus der Mühle
Salz

weiter:
Zwiebelsoße (siehe Rezept)

Zubereitung:

Die rohen Kartoffeln in eine Schüssel reiben, den Brei in einem Sieb abtropfen lassen. Die gekochten Kartoffeln pellen und reiben oder durch den Fleischwolf drehen. Beide Kartoffelmassen in einer Schüssel mit dem Ei vermengen und mit Pfeffer und Salz würzen.

Das Brötchen 10 Minuten in einer Schüssel mit Wasser einweichen, dann ausdrücken, zerpflücken und mit der Zwiebel unter den Kartoffelteig kneten. Dabei so viel Mehl hinzugeben, bis sich der Teig von der Schüssel löst.

Für die Füllung das Hackfleisch in einer Pfanne leicht anbraten, den Lauch hinzufügen und mit Muskat, Majoran, Salz und Pfeffer abschmecken. Die Knödel formen, eine Mulde in den Teig drücken und diese mit etwa 50 g Hackfleisch füllen. Die Knödel mit dem Teig verschließen und in einem großen Topf mit gesalzenem, siedendem Wasser garen, bis sie an die Oberfläche schwimmen. Weitere 2 bis 3 Minuten im Wasser ziehen lassen und mit einer Schaumkelle herausnehmen.

Die Zwiebelsoße nach Rezept zubereiten. Die Klöße auf Teller legen und mit der Soße übergießen.

EBBELSCHESBRATEN

Ein Schweinebraten in Apfelweinsoße,
der 3 Tage Vorbereitungszeit benötigt.

Für 4 Portionen:

1,2 kg Schweinenacken
2 Äpfel
150 g Rosinen
2 ½ L Apfelwein
3 Zwiebeln, gehackt
250 ml Essig
1 EL Zitronensaft
Öl zum Braten
1 Lorbeerblatt
2 Nelken
1 Prs. Kümmel
etwas Majoran
Pfeffer aus der Mühle
Salz

Zubereitung:

Die Äpfel schälen, entkernen und in kleine Würfel schneiden. Die Würfel in einer Schüssel mit dem Zitronensaft beträufeln, die Rosinen zufügen und durchmischen. Das Fleisch längs zu einer Tasche aufschneiden, die Apfel-Rosinen-Mischung hineingeben und mit Küchengarn zunähen.

Den Apfelwein mit den Zwiebeln und den Gewürzen in einen Topf geben, kurz aufkochen und dann abkühlen lassen. Den abgekühlten Apfelweinsud mit dem gefüllten Schweinenacken in eine Schüssel geben, mit Frischhaltefolie verschließen und 3 Tage marinieren lassen. Dann den Braten aus der Marinade nehmen und trocken tupfen.

Das Öl in einem Bräter erhitzen und den Ebbelschesbraten darin scharf anbraten. In den auf 160 °C vorgeheizten Ofen stellen und etwa 3 Stunden schmoren. Während der Garzeit immer wieder etwas von dem Apfelweinsud hinzugeben und einkochen lassen.

Mit Klößen und Salat servieren.

SCHINKENSOLBER MIT SAUERKRAUT

Bei Frankfurter Metzgern gibt es eine weitere Spezialität: das Solberfleisch. Es sind die mageren Stücke von der Schweineschulter, die man gepökelt und meist gekocht zu Sauerkraut mit Kartoffelpüree, Salzkartoffeln oder Brot serviert. Dazu trinkt man traditionell Apfelwein.

Für 4 Portionen:

1 ½ kg Schinkensolber
5 Wacholderbeeren
3 Nelken
2 Lorbeerblätter

Sauerkraut:
1 kg Sauerkraut
1 Scheibe Bauchspeck, durchwachsen, geräuchert, gewürfelt
2 Zwiebeln, in Achtel geschnitten
500 ml Apfelwein
2 EL Schmalz
3 Wacholderbeeren
3 Nelken
1 Lorbeerblatt
etwa 1 TL Kümmel

Zubereitung:

In einem großen Topf Wasser aufkochen lassen, den Schinkensolber hineingeben, die Wacholderbeeren, die Nelken und die Lorbeerblätter hinzufügen und bei mittlerer Hitze 30 Minuten kochen. Anschließend das Solberfleisch aus dem Topf nehmen und das Wasser abgießen.

Das Schmalz im Topf erhitzen, die Zwiebeln und den Speck darin anbraten. Dann die Wacholderbeeren, die Nelken und das Lorbeerblatt untermischen und den Apfelwein angießen. Die Hitze reduzieren, das Solberfleisch darauflegen und 1 Stunde sanft kochen. Vor dem Servieren noch etwas Kümmel hinzugeben.

KLEINSOLBER

Solber nennt man in Frankfurt volkstümlich das gepökelte und gekochte Kleinfleisch vom Schwein, wie Schweinsfüße, Schnauze, Ohren. Es wird oft mit Sauerkaut und Brot serviert, oder man reicht es zum „Knabbern" zur Linsen- oder Erbsensuppe.

Für 4 Portionen:

- 1 kg Schweinsfüße, Schnauze, Ohren oder Schwanz
- 1 Lorbeerblatt
- 3 Wacholderbeeren

Zubereitung:

Wasser in einem Topf zum Kochen bringen, das „Kleinfleisch" mit dem Lorbeer und den Wacholderbeeren etwa 30 Minuten gar kochen.

Anschließend aus dem Sud nehmen, klein schneiden und heiß mit Sauerkraut und Brot servieren.

RINDERSOLBER MIT GRÜNER SAUCE

Rindersolber ist gepökeltes Rindfleisch, das auch „Schaufelbug" genannt wird. Es liegt dem zwischen falschem Filet und dem Bugstück. Das Rezept beschreibt beschreibt das Schmoren von Solberfleisch. Man kann es aber auch wie Schinkensolber kochen. Dazu serviert man Salzkartoffeln und Apfelwein.

Für 4 Portionen:

1 kg Rindersolber
2 EL Schmalz
etwa 250 ml Weiß- oder Apfelwein
2 Zwiebeln, gehackt
1 Lorbeerblatt
2 Wacholderbeeren
5 Pfefferkörner
Grüne Soße (siehe Rezept)

Zubereitung:

Das Fleisch waschen und mit Küchenkrepp trocken tupfen. Das Schmalz in einem Bräter erhitzen und das Fleisch rundum kräftig anbraten. Mit dem Wein ablöschen, die Wacholderbeeren, die Pfefferkörner und das Lorbeerblatt hinzugeben.

Im auf 200 °C vorgeheizten Ofen etwa 90 Minuten braten. Wenn nötig, während dieser Zeit noch etwas Wein angießen.

Dann das Fleisch aus dem Bräter nehmen und 10 Minuten warm stellen, bevor man es aufschneidet.

GEGRILLTER STICH

Stich nennt man in Frankfurt die Schälrippchen, wenn man diesen noch eine Schicht das Fleisch belassen hat.

Für 2 Portionen:

500 g Stich (alternativ: Schweinebauch oder Schälrippchen)
Pfeffer aus der Mühle
Salz
Sauerkraut (siehe Rezept)
2 Scheiben Brot
Senf

Zubereitung:

Das Fleisch mit Pfeffer und Salz einreiben und grillen.

Mit Sauerkraut, Brot und etwas Senf servieren.

WELLFLEISCH

Wellfleisch nennt man in Frankfurt den gekochten Schweinebauch. Es wird zu Sauerkraut und Kartoffelpüree oder Salzkartoffeln gereicht.

Für 4 Portionen:

1 kg Schweinebauch, durchwachsen
2 Zwiebeln
1 Lorbeerblatt
3 Wacholderbeeren
½–1 TL Kümmel
1 Prs. Majoran
einige Pfefferkörner, zerdrückt
Salz

Zubereitung:

In einem Topf 1 ½ L Wasser zum Kochen bringen, das Wellfleisch hineingeben, aufkochen lassen und abschäumen.

Dann die Hitze reduzieren, etwas Salz, die Wacholderbeeren, die Pfefferkörner, den Kümmel und das Lorbeerblatt hinzugeben. Kurz vor Ende der Garzeit den Majoran hineingeben.

Zum Servieren das Wellfleisch in dicke Scheiben schneiden und mit Kraut und Püree servieren.

SACHSENHÄUSER SCHLACHTPLATTE

Schlachtplatte ist ein sehr deftiges und gehaltvolles Essen mit Kraut und Kartoffelpüree.

Für 4 Portionen:

300 g Bauchfleisch
4 kleine Leberwürste
4 kleine Blutwürste
½ Zwiebel
1 kg Sauerkraut
75 g Schweineschmalz
1 Lorbeerblatt
4 Wacholderbeeren
Pfeffer aus der Mühle
Salz

Zubereitung:

Das Kraut mit den Zutaten und etwas Wasser in einem Topf aufsetzen.

Das Bauchfleisch in vier Scheiben schneiden und darauflegen. Bei geschlossenem Deckel 1 Stunde bei schwacher Hitze köcheln lassen. In den letzten 20 Minuten die Blut- und Leberwürste hinzugeben und ziehen lassen.

Das Kraut auf einer vorgewärmten Platte anrichten, die Würste und das Bauchfleisch darauflegen und mit Kartoffelpüree servieren.

LEITERCHEN

Leiterchen wird in Frankfurt das Schälrippchen genannt. Die fast blanken Knochen werden aus dem Hinterviertel des Schweins geschnitten.

Für 4 Portionen:

1 kg Schälrippchen
1 Lorbeerblatt
2 Wacholderbeeren
20 g Zucker
Pfeffer aus der Mühle
1 TL Pökelsalz
50 g Salz

Zubereitung:

Von den Leiterchen den evtl. noch vorhandenen Knorpel entfernen. Das Fleisch in 4 Stücke schneiden.

Das Lorbeerblatt, die Wacholderbeeren, den Zucker, das Salz und das Pökelsalz im Mörser zerstoßen und die Leiterchen damit einreiben.

Mit Frischhaltefolie umwickeln und 48 Stunden pökeln.

Anschließend die Folie entfernen, die Leiterchen mit kaltem Wasser abwaschen und in einem Topf mit kochendem Wasser 1 Stunde bei sanfter Hitze köcheln lassen.

Mit Sauerkraut und Kartoffelbrei servieren.

GEGRILLTES LEITERCHEN

Für 4 Portionen:

1 kg Leiterchen (Schälrippchen)
1 Knoblauchzehe
1 TL Paprika, edelsüß
Pfeffer aus der Mühle
Salz

Zubereitung:

Die Leiterchen in einem Topf mit Wasser, dem Knoblauch, Salz, Pfeffer und dem Paprikapulver 30 Minuten kochen. Dann aus dem Wasser nehmen und abkühlen und abtropfen lassen.

Die Leiterchen 5 Minuten von beiden Seiten grillen und dazu Sauerkraut und Kartoffelpüree reichen.

FRANKFURTER MOTTEN MIT KLÖSSEN

Karotten oder Möhren werden im Norden von Frankfurt, in der Wetterau, angebaut und dort „Motten" genannt. Mit dem Gemüse erhielt das beliebte Rezept seinen Namen.

Für 4 Portionen:

750 g Schweinenacken
1 kg Karotten
1 Zwiebel, fein gehackt
500 ml Fleischbrühe
3 EL Schweineschmalz
1 Bund Petersilie, gehackt
Pfeffer aus der Mühle
Salz
Klöße (siehe Rezept)

Zubereitung:

Die Klöße nach Rezept vorbereiten und zeitlich so garen, dass sie mit den Motten serviert werden können.

Für die Motten die Karotten putzen und in längliche Stücke schneiden. Das Schmalz in einem Topf erhitzen und die Zwiebeln darin anbraten und die Karotten hinzugeben. Den Schweinenacken mit Muskat, Pfeffer und Salz einreiben, auf die Karotten legen, etwas Fleischbrühe angießen und bei geschlossenem Deckel und mittlerer Hitze schmoren. Nach und nach weiter Brühe hinzugießen.

Wenn das Fleisch gar ist, dieses aus dem Topf nehmen, in mundgerechte Stücke schneiden, nochmals kurz in dem Topf mit den Karotten erwärmen und mit Petersilie bestreut zu den Klößen servieren.

GESTOVTES KALBFLEISCH

Das gestovte (gedämpfte) Kalbfleisch nach Frankfurter Art gehört zu den traditionellsten Gerichten der hessischen Küche.

Für 4 Portionen:

1 kg Kalbfleisch aus der Schulter
4 Zwiebeln, fein gehackt
100 g Butter
400 ml Weiß- oder Apfelwein
1 Zitrone, Saft davon
250 ml saure Sahne
2 Nelken
4 Eigelb
Muskatnuss, frisch gerieben
Pfeffer aus der Mühle
Salz

Zubereitung:

Das Kalbfleisch in mundgerechte Würfel schneiden. Die Butter in einem Bräter erhitzen und die Zwiebeln darin glasig dünsten. Die Kalbfleischwürfel hinzugeben und andünsten, so dass sie weiß werden. Den Wein angießen, die Nelken hinzufügen, mit Pfeffer und Salz abschmecken und bei schwacher Hitze etwa 50 Minuten schmoren. Dann das Fleisch aus dem Bräter nehmen und warm stellen.

Den Zitronensaft in den Bräter gießen und etwas einkochen lassen, vom Herd nehmen, die Sahne und das Eigelb hinzugeben, kräftig verrühren und mit Muskat abschmecken.

Die Soße über das Fleisch gießen und mit Karottengemüse servieren.

KALBSNIEREN-BRATEN

Dieser Kalbsbraten war früher in Frankfurt ein MUSS an Feier- und Festtagen.

Für 4 Portionen:

1 kg Kalbsbraten
1 Kalbsniere
1 Bund Suppengrün, in Würfel geschnitten
150 g Champignons, in Scheiben geschnitten
1 Zwiebel, fein gehackt
100 g Butter
2 EL Petersilie, gehackt
Salz

Zubereitung:

Für die Füllung 50 g Butter in einer Pfanne erhitzen und die Zwiebel darin goldgelb anbraten. Die Champignons und das Suppengrün hinzugeben und gar dünsten. 1 Prise Salz und die Petersilie hinzufügen.

Wenn die Niere sehr fett ist, das Fett ablösen, die Niere waschen, das Fleisch häuten und mit Salz einreiben. Den Kalbsbraten dünn aufschneiden, die Niere darauflegen, das Fleisch fest einrollen und mit nassem, dünnem Küchengarn wie einen Rollschinken binden.

Die Butter in einem Bräter erhitzen, den Braten darin anbraten und im auf 180 °C vorgeheizten Ofen 80 Minuten braten. Während der Garzeit ab und zu Wasser angießen und das Fleisch mit dem Bratensaft begießen.

Den Braten mit der Soße servieren und dazu Salzkartoffeln oder Klöße reichen.

GARTEVÖÖCHEL

In Frankfurt werden Krautwickel oder Kohlrouladen „Gartevööchel" genannt. Man serviert sie mit Salzkartoffeln oder Kartoffelpüree.

Für 4 Portionen:

500 g Weißkraut, geputzt
4 Scheiben Dörrfleisch, mager
2 L Wasser
2 Zwiebeln, fein gehackt
2 Karotten, fein gehackt
500 ml Fleischbrühe
1 Prs. Kümmel
Salz

Füllung:
250 g Hackfleisch, gemischt
1 Zwiebel, gerieben
1 Brötchen
1 Ei
25 g braune Butter
Pfeffer aus der Mühle
Salz

Soße:
2 EL Butter
30 g Mehl
100 ml Sahne
Salz

Zubereitung:

Den Krautkopf halbieren und den Strunk herausschneiden. Das Kraut in einer Schüssel mit heißem Wasser überbrühen und 5 Minuten ziehen lassen. Anschließend in einem Sieb abgießen, 4 große Blätter lösen und auf ein Küchentuch legen. Etwas Salz und Kümmel darüberstreuen.

Für die Hackfleischfüllung das Brötchen 10 Minuten in einer Schüssel mit Wasser einweichen. Dann das Brötchen ausdrücken und mit dem Hackfleisch in eine Schüssel geben. Die braune Butter (in einer Pfanne zuvor bis zum Rauchpunkt erhitzt) und die restlichen Zutaten untermischen. Die Masse zu 4 länglichen Rollen formen und auf die Weißkohlblätter verteilen. Mit dem Tuch Rouladen aufrollen und gut andrücken, so dass sich die Masse mit den Krautblättern verbindet. Die Dörrfleischscheiben auf den Krautwickeln mit Holzspießchen feststecken.

Die Wickel in eine mit Butter ausgestrichene Auflaufform setzen. Die Zwiebel und die Karotten hinzugeben, die Fleischbrühe angießen und im auf 175 °C vorgeheizten Ofen 30 Minuten garen.

Für die Soße die Butter in einer Kasserolle erhitzen, das Mehl hineinstreuen und unter Rühren hell anrösten. Dann mit der Brühe von den Krautwickeln ablöschen, mit dem Schneebesen verrühren und aufkochen lassen. Die Sahne angießen und die Soße mit Salz abschmecken.

Die Gartevööchel auf Teller verteilen und die Soße darübergeben.

FRANKFURTER SCHNITZEL

Ein modernes Rezept mit Grüner Soße und Bratkartoffeln.

Für 4 Portionen:

1 Schweinelende
1–2 Eier
150 g Butterschmalz
Mehl
Paniermehl
Bratkartoffeln (siehe Rezept)
Grüne Soße (siehe Rezept)

Zubereitung:

Die Lende in 8 Stücke schneiden und mit dem Fleischklopfer flach klopfen. Etwas Mehl in einen Suppenteller geben und die Schnitzel darin von beiden Seiten panieren. Die Eier in einen Suppenteller geben und verquirlen, das Paniermehl in einen weiteren Suppenteller schütten. Die Schnitzel durch das Ei und dann durch das Paniermehl ziehen, um sie von beiden Seiten zu panieren.

Die Bratkartoffeln und die Grüne Soße vorbereiten (siehe Rezept). Etwas Butterschmalz in einer Pfanne erhitzen und die Schnitzel darin braten.

Dann die von beiden Seiten gebratenen Schnitzel herausnehmen und im Ofen warm halten. Die restlichen Schnitzel ebenso braten und wenn nötig noch etwas Butterschmalz hinzugeben.

Auf Teller geben und mit Bratkartoffeln und Grüner Soße servieren.

SCHWEINEPFEFFER

Dies war neben dem Solberfleisch früher eine der Lieblingsspeisen der Frankfurter.

Für 4 Portionen:

1 kg Schweinenacken
1 L Schweineblut
500 g Zwiebeln, gehackt
125 ml Essig
250 ml Rotwein
Fleischbrühe
2 EL Mehl
etwas Speisestärke
3 Lorbeerblätter
6 Wacholderbeeren
2 Nelken
1 TL Pfeffer aus der Mühle
Salz

Zubereitung:

Das Schweineblut beim Metzger vorbestellen. Das Blut in eine Schüssel geben und etwas Salz unterrühren, damit das Blut nicht gerinnt. Durch ein Sieb in eine Schüssel gießen und den Essig, die Lorbeerblätter, die Wacholderbeeren, den Pfeffer, die Nelken mit den Zwiebeln unterrühren.

Den Schweinenacken in walnussgroße Würfel schneiden, in die Marinade geben und 4 Tage im Kühlschrank marinieren. Das Schmalz in einem Bräter erhitzen. Das Fleisch aus der Marinade nehmen und darin anbraten. Die Zwiebeln zufügen, mit Mehl bestäuben, rühren und 10 Minuten braten. Mit dem Rotwein und der Fleischbrühe ablöschen. Etwas Marinade zugießen und 1 ½ Stunden bei mittlerer Hitze schmoren. Mit Pfeffer würzen und die restliche Marinade zugießen.

Die Fleischstücke mit einer Schaumkelle aus dem Bräter nehmen, die Lorbeerblätter und Wacholderbeeren entfernen. Die Sauce erneut aufkochen und mit etwas Speisestärke binden. Mit Klößen servieren.

BLUT- UND LEWWERWORSCHT MIT KRAUT

Heiße Blut- und Leberwurst mit Sauerkraut und Kartoffelpüree oder Kartoffelgemüs´.

Für 4 Portionen:

4 kleine Blutwürste
4 kleine Leberwürste
Sauerkraut (siehe Rezept)
Kartoffelpüree (siehe Rezept)

Zubereitung:

Das Sauerkraut mit einem Schuss Wasser in einen Topf geben, die Würste darauflegen und bei schwacher Hitze etwa 30 Minuten erwärmen.

Die Würste mit dem Kraut anrichten und dazu Kartoffelpüree oder Brot servieren.

GEBRATENE BLUTWURST

In Frankfurt isst man gerne „Himmel und Erde", ein Gericht aus Äpfeln und Kartoffeln, das mit den Flussschiffern den Weg vom Rheinland in die Mainmetropole gefunden hat. Authentischer ist für Frankfurt aber die gebratene Blutwurst, die man mit Kartoffelpüree und Apfelstücken serviert.

Für 4 Portionen:

1 Ring Blutwurst (600 g)
2 Äpfel, säuerlich
etwas Mehl
200 ml Sahne
Kartoffelbrei (siehe Rezept)
1 Zitrone, Saft davon
4 EL Öl
Salz

Zubereitung:

Die Äpfel vierteln, entkernen und schälen. Das Fruchtfleisch in kleine Würfel schneiden, in einer Schüssel mit Zitronensaft beträufeln und durchmischen.

Den Kartoffelbrei nach Rezept bereiten und die Sahne und die Apfelwürfel unterrühren.

Die Haut von der Blutwurst pellen oder nach Geschmack an der Wurst lassen. Die Wurst in 2 cm dicke Scheiben schneiden. Etwas Mehl auf einen Teller geben und die Blutwurstscheiben darin wenden. Das Öl in einer Pfanne erhitzen und die Wurstscheiben darin von beiden Seiten bei mittlerer Hitze 2 bis 3 Minuten von beiden Seiten knusprig braten.

Das Püree mit den Apfelstücken auf Teller geben, die Blutwurstscheiben darauf verteilen und servieren.

GERICHTE MIT FLEISCH

LEBERKLÖSSE MIT SAUERKRAUT

Für 4 Portionen:

300 g Rinder- oder Schweineleber, durch den Fleischwolf gedreht
150 g Schweinehackfleisch
1 Zwiebel, fein gehackt
2 Eier
2 Brötchen, altbacken
1 EL Öl
1 EL Schnittlauch, gehackt
etwas Thymian
etwas Majoran
Pfeffer aus der Mühle
Salz
Sauerkraut (siehe Rezept)

weiter:
1 Zwiebel
5 Nelken
1 Lorbeerblatt
2 L Wasser
Salz

Zubereitung:

Das Öl in einer Pfanne erhitzen und die Zwiebelwürfel darin glasig dünsten. Die Pfanne vom Herd nehmen und abkühlen lassen.

Die Brötchen in einer Schüssel mit Wasser 10 Minuten einweichen, ausdrücken und zerpflücken. Die Leber, das Hackfleisch und die Brötchen in eine Schüssel geben. Die Eier, Zwiebeln und die Gewürze unterkneten.

Das Wasser in einem Topf zum Kochen bringen. Die geschälte Zwiebel mit den Nelken spicken und mit dem Lorbeerblatt in das kochende Wasser geben. Die Hitze reduzieren, so dass das Wasser sanft köchelt.

2 Esslöffel in das heiße Wasser tauchen und damit Klöße aus der Masse abstechen und rund formen. Die Klöße in das heiße Wasser geben und 20 Minuten ziehen lassen.

Das Sauerkraut und die Klöße auf Teller geben, mit etwas Schnittlauch bestreuen und servieren. Nach Geschmack kann man auch geröstete Zwiebeln über die Klöße streuen.

SAURE NIEREN

Sie schmecken köstlich mit Kartoffelpüree!

Für 4 Portionen:

1 kg Schweinenieren
50 ml Öl
2 Gewürzgurken, in dünne Streifen geschnitten
Thymian
Zucker
Pfeffer aus der Mühle
Salz

weiter:
50 g Dörrfleisch
1 Zwiebel, fein gehackt
250 ml Bratensoße
125 ml Rotwein
1 EL Essig
50 ml Öl

Zubereitung:

Das Öl in einer Pfanne erhitzen und das Dörrfleisch und die Zwiebeln darin anbraten. Mit dem Rotwein ablöschen. Die Hitze reduzieren, die Bratensoße hinzugeben, mit Essig abschmecken und warm halten.

Die Nieren putzen und in Streifen schneiden. Das Öl in einer Pfanne erhitzen und die Nieren darin scharf anbraten. Mit Zucker, Salz, Pfeffer und Thymian würzen. Dann die Nieren und die Gurkenscheiben in die Soße geben.

Dazu Brot oder Kartoffelpüree reichen.

WELSCHER HAHN

Auch Puter oder Truthahn gibt es traditionell statt Gans zum ersten Weihnachtsfeiertag. In Frankfurt wird dieser „Voschel" Welscher Hahn genannt.

Für 4–6 Portionen:

1 Puter (3–4 kg)
1 Putenleber, fein gehackt
250 g Hackfleisch, gemischt
50 g Butter
1 EL Speisestärke
1 Lorbeerblatt
Salbei
Pfeffer aus der Mühle
Salz

Füllung:
4 Brötchen
4 Eier
200 ml Milch
100 g Butter
50 g Mandeln, gehackt
2 EL Petersilie, fein gehackt
1 Prs. Muskatnuss, gemahlen
Pfeffer aus der Mühle
Salz

Zubereitung:

Den Puter mit Salz und den Gewürzen von innen und außen gut einreiben.

Für die Füllung die Brötchen in einer Schüssel mit der Milch 20 Minuten einweichen. Dann ausdrücken, in eine Schüssel geben und mit der heißen Butter übergießen. Das Hackfleisch, die Putenleber und die restlichen Zutaten hinzugeben, mischen und mit Pfeffer und Salz abschmecken. Die Füllung in den Puter geben, zunähen und dressieren.

Die Butter in einem Bräter erhitzen, den Puter damit einpinseln, in den Bräter legen und im auf 200 °C vorgeheizten Ofen etwa 3 Stunden braten. Alle 45 Minuten wenden und alle 15 Minuten mit dem Bratensaft übergießen. Dann den Puter aus dem Bräter nehmen und warm stellen.

Das Fett aus dem Bräter abschöpfen, den Bratensatz mit etwas Wasser lösen, die Brühe erhitzen, die Speisestärke einrühren und aufkochen lassen.

Dazu Klöße und Rotkraut servieren.

GÄNSEBRATEN NACH FRIEDRICH STOLTZE

Friedrich Stoltze, der Frankfurter Heimatdichter und Lokalpatriot, hat in einem seiner Gedichte das Rezept für den Gänsebraten, wie er im Frankfurt des 19. Jahrhunderts zubereitet wurde, beschrieben. Berühmt sind auch seine Zeilen: „Wie kann nor e Mensch net von Frankfort sei."

Für 4 Portionen:

1 Gans, küchenfertig
3 Zwiebeln
2 Äpfel
150 g Kastanien
1–2 EL Rosinen
3–4 Wacholderbeeren
Salz

Beilage:
Kartoffeln, gekocht

Zubereitung:

Einen ungeschälten Apfel sowie die Zwiebel klein schneiden und mit den Kastanien, Rosinen und Wacholderbeeren in einer Schüssel mischen. Die Gans innen mit Salz einreiben und die Füllung hineingeben. Die Gans mit einem Spieß verschließen.

In einen ovalen Brattopf mit der Brustseite nach unten legen. Je nach Größe mit etwa 500 ml heißem Wasser übergießen und im vorgeheizten Backofen etwa 1 bis 1½ Stunden schmoren lassen. Dann die Gans auf den Rücken legen und ½ bis 1 Stunde braun braten lassen. Während der Bratzeit die Gans mit dem Bratensaft regelmäßig begießen.

Nach dem Braten das Fett abschöpfen, den Bratensatz mit Wasser ablöschen und mit etwas Mehl binden.

Dazu Salzkartoffeln reichen.

GEFÜLLTE GANS

Die Frankfurter essen zu ihrer Gans gerne Kartoffelklöße, Rotkraut oder Rosenkohl und Kastanien.

Für 4-6 Portionen:

1 Gans
1 Gänseleber, klein gehackt
200 g Schweinehackfleisch
4 Äpfel, geschält, klein gewürfelt
4–6 Eier
5–6 Zwiebeln, fein gehackt
200 ml Milch
60 g Butter
4 Brötchen, altbacken
1 EL Speisestärke
etwas Beifuß
etwas Salbei
etwas Majoran
Pfeffer aus der Mühle
Salz

Zubereitung:

Die Gans waschen, trocken tupfen, mit Salz, Pfeffer, etwas Beifuß und Salbei innen und außen gut einreiben. Die Brötchen in einer Schüssel mit Milch 15 Minuten einweichen.

Für die Füllung die Brötchen ausdrücken, mit der Leber und dem Hackfleisch in einer Schüssel mischen. Die Butter in einer Pfanne erhitzen und die Zwiebel darin hell anbraten. Die Apfelwürfel hinzugeben kurz andünsten und dann zur Hackfleisch-Brötchen-Mischung geben. Die Eier hinzufügen, mit Salz, Pfeffer, Beifuß, Salbei und Majoran würzen und vermengen. Die Gans damit füllen und mit Küchengarn zunähen.

In einen Bräter oder eine Fettpfanne 500 ml heißes Wasser gießen. Die Gans mit der Brust nach unten hineinlegen und im auf 180 °C vorgeheizten Backofen 3 Stunden braten. Nach 1 Stunde wenden, das Fett abschöpfen, heißes Wasser angießen und regelmäßig begießen. Dann die Gans aus dem Bräter nehmen und warm stellen.

Das Fett aus dem Bräter abschöpfen, den Bratensatz mit etwas Wasser lösen, die Brühe erhitzen, die Speisestärke einrühren und kurz aufkochen lassen.

Dazu Kartoffelklöße und Rotkraut servieren.

GERICHTE MIT FISCH

FORELLE "SCHÖNE MÜLLERIN"

Die Frankfurter Forellen stammen aus den Bächen des Taunus oder aus der nahen Nidda.

Für 2 Portionen:

2 Forellen, küchenfertig
1 Zitrone
120 g Butter
Mehl
1 Bund Petersilie, gehackt
Salz

Zubereitung:

Die Forellen waschen und mit Küchenkrepp trocken tupfen. Die Rücken leicht einschneiden und mit Salz einreiben. Mehl auf einen Teller streuen und die Forellen darin wenden.

Die Hälfte der Butter in einer Pfanne erhitzen und die Fische darin auf beiden Seiten braten. Wenn die Rückenflossen sich leicht lösen, sind die Forellen gar, werden aus der Pfanne genommen und im Ofen warm gehalten.

Die restliche Butter in der Pfanne braun werden lassen. Eine halbe Zitrone auspressen und die andere Hälfte in Scheiben schneiden.

Die Forellen auf einer Platte anrichten, mit dem Zitronensaft und der braunen Butter übergießen und mit der Petersilie bestreuen. Mit Zitronenscheiben garniert servieren.

Dazu Salzkartoffeln reichen.

FORELLE IN APFELBUTTER

Für 4 Portionen:

4 Forellenfilets
4 Scheiben Frühstücksspeck (Bacon)
200 ml Apfelwein
1 Apfel
2 Schalotten
150 g Mehl
150 g Semmelbrösel
100 g Butter
1 Ei, leicht geschlagen
1 TL Zitronensaft
Öl
5 Blätter Sauerampfer, geviertelt
Pfeffer aus der Mühle
Salz

Zubereitung:

Die Forellenfilets waschen, mit Küchenkrepp trocken tupfen, mit dem Zitronensaft einreiben und mit etwas Salz und Pfeffer bestreuen. Die Filets jeweils mit 1 Speckscheibe und 3 Stückchen der Sauerampferblätter belegen und mit Zahnstochern feststecken.

Das Mehl, die Semmelbrösel und das Ei getrennt auf 3 Teller geben.

Die Fischfilets erst in Mehl wenden, dann durch das Ei ziehen und anschließend in den Semmelbröseln wenden.

Öl in einer Pfanne erhitzen und die Fischfilets darin von beiden Seiten 10 Minuten braten.

Die Schalotten und den Apfel klein schneiden, den restlichen Sauerampfer hacken, daruntermischen und unter Rühren 1 Minute in der Butter braten. Den Apfelwein unterrühren und die Forellenfilets mit der Apfelbutter anrichten.

NIDDA-FORELLE BLAU

Für 4 Portionen:

4 Forellen, frisch
2 EL Weinessig
1 Zwiebel, in Scheiben geschnitten
1 Karotte, in Scheiben geschnitten
6 Pfefferkörner
1 Lorbeerblatt
1 Zitrone
Petersilie, gehackt
3 L Wasser
2 TL Salz

Zubereitung:

Die Forellen waschen, jedoch darauf achten, dass der Schleim, der die Forelle umgibt, nicht entfernt wird.

Das Wasser in einem großen Topf erhitzen, den Essig, das Salz, die Pfefferkörner sowie die Zwiebel und die Karottenscheiben hinzufügen und mitkochen lassen.

Die Hitze reduzieren, die Forellen vorsichtig hineinlegen und 10 bis 15 Minuten gar ziehen lassen.

Dazu Mandeln- oder Petersilienkartoffeln reichen.

FORELLE MIT RIESLING

Für 2 Portionen:

2 Forellen, küchenfertig
125 g Champignons, in Scheiben geschnitten
1 Frühlingszwiebel, fein gehackt
250 ml Weißwein, trocken
250 ml Sahne
1 EL Butter, in Würfel geschnitten
etwas Zitronensaft
Pfeffer aus der Mühle
Salz

Zubereitung:

Eine Auflaufform mit etwas Butter ausreiben und die Frühlingszwiebel hineinstreuen.

Die Forelle waschen und mit Pfeffer, Salz und Zitronensaft einreiben und die Fische auf die Schalotten legen.

Die Sahne und den Wein in einer Kasserolle erhitzen und über die Forellen gießen. Die Champignons hinzugeben und im auf 200 °C vorgeheizten Ofen 10 bis 15 Minuten garen. Dann die Forelle herausnehmen und warm stellen.

Die Soße in einer Kasserolle bei starker Hitze mit der Butter aufschlagen. Die Soße mit dem Fisch und Salzkartoffeln servieren.

MAINFISCHER-TOPF

Für 4–6 Portionen:

800 g Fisch, gemischt und küchenfertig (zum Beispiel Barben, Brassen, Hecht, Karpfen, Zander)
4 Kartoffeln, in Würfel geschnitten
2 Zwiebeln, in Ringe geschnitten
1 Bund Suppengrün, gehackt
1 Knoblauchzehe, gehackt
1 Lorbeerblatt
2 EL Grüne-Soße-Kräuter, gehackt
1 ½ L Wasser
200 ml Sahne
2 EL Butter
1 EL Essig
1 TL Senf
etwas Meersalz
1 Baguette
Petersilie zum Garnieren

Zubereitung:

Die Fische in 5 Zentimeter breite Stücke schneiden. Die Zwiebeln, das Suppengrün, die Kartoffeln, den Knoblauch, den Senf, das Meersalz, den Essig und die Kräuter in einen Topf mit dem kochendem Wasser geben. Zugedeckt 20 Minuten kochen lassen.

Dann die Butter und die Sahne hinzufügen und mit dem Pürierstab fein pürieren. Anschließend die Fischstücke hineinlegen und 5 bis 8 Minuten darin gar ziehen lassen.

Mit Pfeffer und Salz abschmecken, mit Petersilie garnieren und dazu geröstetes Baguette reichen.

MAIFISCH IN GRÜNER SAUCE

Der Maifisch — auch Alse genannt — ist eine Heringsart, die im Frühjahr die Flüsse hinaufwandert. Mit der Einrichtung von Staustufen ist der Fisch selten geworden.

Für 2 Portionen:

2 Maifische
2 Zwiebeln, in Scheiben geschnitten
einige Pfefferkörner
einige Senfkörner
Grüne Soße (siehe Rezept)

Zubereitung:

Die Zwiebeln mit den Pfeffer- und Senfkörnern in 1 Liter Wasser aufkochen und 10 Minuten ziehen lassen. Dann die gesäuberten Maifische zerteilen und etwa 10 Minuten im Sud gar ziehen lassen.

Die Maifischstücke auf Tellern mit Salzkartoffeln und der Grünen Soße servieren.

MEEFISCHLI

„Kleine Mainfische" sind Weißfische aus dem Main, die nicht dicker als ein Daumen und nicht länger als ein Finger sind. Früher wurden sie in Mehl und manchmal auch in etwas Zimt gewälzt und mit Kopf und Schwanz gebraten. Da diese kleinen Fische im Handel nicht mehr angeboten werden, kann man auf kleine Meeresfische wie Sardinen zurückgreifen, doch der Geschmack ist dann anders.

Für 4 Portionen:

800 g Meefischli
Öl zum Bestreichen
Öl oder Butter zum Braten
etwas Wasser
8 EL Paniermehl
4 EL Mehl
Salz

Zubereitung:

Die Fische waschen und mit Küchenkrepp trocken tupfen. Das Mehl und das Paniermehl jeweils auf einen Teller streuen. Etwas Salz unter das Mehl mischen. Kaltes Wasser in eine Schüssel füllen. Die Fische mit etwas Öl bestreichen, im Mehl wenden, ganz kurz in das kalte Wasser tauchen und im Paniermehl wenden.

Die Butter oder das Öl in einer Pfanne erhitzen und die Meefischli auf beiden Seiten knusprig backen.

Dazu Kartoffelsalat reichen.

FISCHKLÖSSCHEN

Ein Gericht aus Goethes Zeit, das schon seine Frankfurter Tante Melber kochte.

Für 4 Portionen:

1 kg Weißfischfilets
2 Eier
1 TL Zitronensaft
1 Bund glatte Petersilie, fein gehackt
1 Bund Dill, fein gehackt
etwas Paniermehl
1 Prs. Muskatnuss, gerieben
2 L Gemüsebrühe

Soße:
100 ml Weißwein, trocken
etwa 100 g Crème fraîche
½ Zwiebel, fein gehackt
Mehl
1 EL Petersilie, gehackt
1 Msp. Cayennepfeffer
1 Prs. Muskatnuss, gerieben
Pfeffer aus der Mühle
Salz

Zubereitung:

Die Fischfilets in einen Mixbecher geben und mit dem Stabmixer pürieren. Die Eier, den Zitronensaft und Muskat hinzufügen und erneut pürieren. Die Kräuter unter die Masse rühren und mit etwas Paniermehl eindicken. Mit feuchten Händen aus der Masse kleine Klöße formen.

Die Gemüsebrühe in einem Topf zum Kochen bringen, dann die Hitze reduzieren und die Fischklößchen etwa 8 bis 10 Minuten in der Brühe gar ziehen lassen. Den Garsud für die Soße aufheben.

Für die Soße die Butter in einer Pfanne erhitzen, die Zwiebeln darin glasig anbraten, mit etwas Mehl bestäuben und unter Rühren anziehen lassen. Etwas Kochsud und den Weißwein angießen und einkochen lassen. Die Petersilie hinzugeben und die Soße mit Cayennepfeffer, Muskat, Pfeffer und Salz abschmecken. Vor dem Servieren die Crème fraîche unterrühren.

Die Fischklöße auf die Teller legen, mit Brühe übergießen und mit Baguette oder Salzkartoffeln reichen.

KARPFEN IN GRÜNER SOSSE

Ein Rezept aus dem „Praktischen Frankfurter Kochbuch" von 1877.

Für 4 Portionen:

1 Karpfen
2 Zwiebeln, in Scheiben geschnitten
1 Lorbeerblatt
3 Nelken
Pfeffer aus der Mühle
Salz

Soße:
1 EL Mehl
1 EL Butter
2 Handvoll Petersilie, Kerbel und Portulak, fein gehackt
etwas Zitronensaft
Salz

Zubereitung:

Den Karpfen putzen und in einen Topf mit Wasser legen. Die Zwiebeln, das Lorbeerblatt, die Nelken, etwas Pfeffer und Salz hinzugeben und den Karpfen bei schwacher Hitze 20 bis 30 Minuten gar ziehen lassen.

In einem zweiten Topf das Mehl anrösten, die Butter hinzufügen und verrühren. Den Kochsud durch ein Sieb in den Topf mit der Mehl-Butter-Mischung gießen und mit dem Schneebesen verrühren. Die Kräuter hineinstreuen, mit Salz und Zitronensaft abschmecken und die Soße über den in einer tiefen Schüssel liegenden Karpfen gießen.

Dazu Salzkartoffeln reichen.

ZANDERFILET FRANKFURTER ART

Für 4 Portionen:

4 Zanderfilets (à 250 g)
3 EL Zwiebeln, gehackt
1 EL Butter
½ Zitrone, Saft davon
1 Salatgurke, mit Schale
250 ml Sahne
1 EL Dill, gehackt
Pfeffer aus der Mühle
Salz

Zubereitung:

Die Zanderfilets waschen und die Haut abziehen. Eine Auflaufform mit Butter ausstreichen, die Filets hineinlegen, mit Pfeffer und Salz würzen. Den Zitronensaft darüberträufeln und die Zwiebelwürfel darüberstreuen. Die Auflaufform mit Pergamentpapier abdecken und den Fisch im auf 220 °C vorgeheizten Ofen etwa 15 Minuten gar dünsten.

Die Salatgurke waschen, in 1 cm dicke Scheiben schneiden, mit der Sahne in einen Topf geben, mit Pfeffer und Salz würzen und einige Minuten nicht zu weich dünsten. Die Gurkenscheiben mit einem Schaumlöffel aus der Sahne nehmen und auf einer Servierplatte anrichten.

Die Zanderfilets auf die Gurkenscheiben legen und im Ofen warm stellen. Den Kochsud zur Sahne gießen und dick einkochen lassen. Den gehackten Dill in die Soße streuen und 1 Esslöffel Butter unterschlagen.

Den Fisch auf vorgewärmte Teller verteilen und mit der Soße übergießen.

ZANDER NACH ART VON GOETHES TANTE MELBER

Für 4 Portionen:

4 Zanderfilets (à 250 g)
200 g Champignons, in Scheiben geschnitten
1 EL Schalotten, gehackt
750 ml Weißwein, trocken
250 ml Fischfond
200 g Sahne
50 g Sahne, steif geschlagen
1 EL Butter
2 Eigelb
2 EL Petersilie, gehackt
2 EL Kerbel, gehackt
1 Prs. Cayennepfeffer
Pfeffer aus der Mühle
Salz

Zubereitung:

Die Butter in einer Eisenpfanne erhitzen und die Schalotten darin glasig dünsten. Die Champignons hinzugeben, unter Rühren kurz anziehen lassen und die Zanderfilets darauflegen. Den Weißwein und den Fischfond angießen, mit Pfeffer und Salz würzen und den Fisch 5 Minuten bei geschlossenem Deckel und mittlerer Hitze dünsten.

Die Filets auf eine Platte verteilen, die Champignons und die Schalotten daraufgeben und warm stellen.

Den Bratfond unter Rühren auf die Hälfte einkochen, die Sahne angießen und mit dem Cayennepfeffer, Pfeffer und Salz abschmecken. Das Eigelb in einer Schüssel verquirlen und die steif geschlagene Sahne unterziehen. Die Soße vom Herd nehmen, die Kräuter hineinstreuen und die Eigelbmischung unterheben.

Die Soße über die Filets geben, die Pfanne in den auf 250 °C vorgeheizten Ofen bei eingeschaltetem Grill stellen und einige Minuten gratinieren.

Anschließend herausnehmen, die gratinierten Filets auf Teller geben und mit Brat- oder Salzkartoffeln servieren.

EINGELEGTE HERINGE

Sie sind in Frankfurt der Klassiker zu Aschermittwoch.

Für 8 Portionen:

2 kg Heringsfilets
750 g Zwiebeln, halbiert, in Scheiben geschnitten
10 saure Gurken, in Scheiben geschnitten
3 Äpfel
1 L Sahne
etwas Zitronensaft
10 Wacholderbeeren
Pfeffer aus der Mühle
Salz

Zubereitung:

Die Heringsfilets in einer Schüssel mit kaltem Wasser 24 Stunden wässern. Während dieser Zeit das Wasser zweimal wechseln.

Die Äpfel schälen, entkernen, achteln und in dünne Scheiben schneiden. In einer Schüssel die Sahne mit etwas Zitronensaft, den Wacholderbeeren, Salz und Pfeffer verrühren.

Die Heringsfilets aus dem Wasser nehmen, gut abtropfen lassen, schichtweise in die Sahnesoße geben und je 1 Schicht Apfelscheiben und Zwiebeln daraufgeben, bevor man die nächste Schicht Heringsfilets darauflegt.

Die Heringsfilets 2 Tage in der Sahnesoße marinieren lassen und mit Pellkartoffeln servieren.

SCHMANDHERING

Früher galt der Hering als „Arme-Leute-Essen". durch Überfischung ist er selten geworden und gilt nun als Spezialität.

Für 4 Portionen:

4 Salzheringe
500 ml Mineralwasser
100 g Joghurt
250 g saure Sahne
½ Zitrone, Saft davon
2 Zwiebeln, in Ringe geschnitten
1–2 Äpfel, säuerlich
1 Salzgurke, in dünne Scheiben geschnitten
2 Lorbeerblätter
3 Wacholderbeeren
1 Prs. Zucker

Zubereitung:

Die Salzheringe 12 Stunden oder über Nacht in eine Schüssel mit kaltem Wasser legen. Anschließend aus dem Wasser nehmen, abspülen und mit Küchenkrepp abtrocknen. Falls noch vorhanden, die Köpfe, Schwänze und Rückenflossen abschneiden. Die Filets häuten, vom Rücken her auslösen und in einer Schüssel mit Mineralwasser 5 Stunden wässern.

Für die Soße die saure Sahne, den Jogurt, den Zitronensaft und den Zucker in einer Schüssel verrühren. Die Äpfel schälen, vierteln, das Kerngehäuse heraus- und die Äpfel in dünne Schnitze schneiden. Diese mit den Lorbeerblättern, den Wacholderbeeren und den Gurkenscheiben in die Soße geben.

Die Heringsfilets aus dem Wasser nehmen, mit Küchenkrepp trocken tupfen und in eine Schüssel schichten. Dabei auf jede Lage etwas von der Soße gießen.

Die Schüssel mit Frischhaltefolie abdecken und im Kühlschrank 6 bis 8 Stunden marinieren und zu Pellkartoffeln servieren.

AUSTERN MIT SAUERKRAUT

Ein köstliches Rezept mit frischen Austern, zum Beispiel aus der Kleinmarkthalle. Man nennt diese Zubereitungsart wegen des Sauerkrauts spaßhaft auch „Main-Austern".

Für 4 Portionen:

24 Austern
Eis, zerstoßen

Dipp:
100 ml Weinessig
50 ml Rinderfond
2 Schalotten, fein gewürfelt
2 EL Sauerkraut, fein gehackt
Pfeffer aus der Mühle
Salz

Zubereitung:

Für den Dipp den Weinessig mit dem kalten Rinderfond in einer kleinen Schüssel verrühren, die Schalottenwürfel und das gehackte Sauerkraut zugeben und mit Pfeffer und ein wenig Salz abschmecken.

Das zerstoßene Eis in eine Schale füllen, die Austern öffnen und auf das Eis setzen.

Den Dipp in einem Kännchen oder einer Schale servieren, so dass man etwas davon über die Austern träufeln kann.

WACHTELEIER MIT KREBSSCHWÄNZEN IN GRÜNER SOSSE

Diese feine Variante der Grünen Soße mit Eiern beruht auf einer Rezeptidee aus dem „Frankfurter Küchenmesser" aus dem Jahre 1970.

Für 4 Portionen:

48 Flusskrebsschwänze, gegart und geschält
24 Wachteleier
4 Scheiben Weißbrot
1 EL Zitronensaft, frisch gepresst
Grüne Soße (siehe Rezept)

Zubereitung:

Die Krebsschwänze in einer Schüssel mit dem Zitronensaft beträufeln.

Die Wachteleier in einem Topf mit kochendem Wasser 5 Minuten hart kochen, das Wasser abgießen und die Wachteleier mit kaltem Wasser abschrecken. Die Eier schälen und längs halbieren.

Auf flachen Tellern einen Spiegel mit 4 bis 5 Esslöffeln Grüner Soße bereiten und die Wachteleierhälften und die Krebsschwänze auf den Grüne-Soße-Spiegel setzen.

Dazu frisches Baguette reichen.

GEMÜSE-GERICHTE, PASTA UND BEILAGEN

SACHSENHÄUSER BÄCKERKARTOFFELN

Als Hauptspeise werden auch gerne Fleischwurstscheiben unter dieses Gericht gemischt, oder man serviert es als Beilage zu gebratenem Fleisch.

Für 4–6 Portionen:

1 kg Kartoffeln, geschält, in dünne Scheiben geschnitten
2 Zwiebeln, gewürfelt
3 Eier
200 g Sahne
2 EL Schmalz
1 Msp. Muskatnuss, gemahlen
Butter für die Form
Pfeffer aus der Mühle
Salz

Zubereitung:

Das Schmalz in einer Pfanne erhitzen und die Zwiebelwürfel darin anrösten.

Eine Auflaufform mit Butter ausstreichen, die Zwiebeln und die Kartoffelscheiben hineingeben und mit Pfeffer, Salz und Muskatnuss würzen.

In einer Schüssel die Eier mit der Sahne verrühren, über die Kartoffeln gießen und im auf 200 °C vorgeheizten Backofen 50 Minuten backen.

FRANKFURTER KARTOFFELSALAT

Carolus Clusius pflanzte im Frühjahr 1589 in seinem Frankfurter Garten die ersten Kartoffeln in Deutschland an, allerdings zunächst nur wegen der Schönheit ihrer Blüte, denn er war Botaniker.

Für 10 Portionen:

1 ½ kg Kartoffeln
150 g Speck, mager (Dörrfleisch)
150 g Zwiebeln, gewürfelt
2 Eigelb
Schnittlauch
250 ml Fleischbrühe
60 g Öl
80 g Essig
Pfeffer, aus der Mühle
Salz

Zubereitung:

Die Kartoffeln waschen, kochen, abgießen und noch heiß pellen. Die lauwarmen Kartoffeln in feine Scheiben schneiden und in eine Schüssel geben.

Die Speckwürfel braun braten und samt ausgetretenem Fett über die Kartoffelscheiben geben. Die Zwiebelwürfel darüberstreuen.

Das Eigelb mit 3 Esslöffeln Brühe verrühren. Die übrige Brühe erhitzen, mit Öl, Essig, Salz und Pfeffer verquirlen.

Die Salatzutaten damit vermengen, die Ei-Mischung unterziehen und warm servieren.

WARMER KARTOFFELSALAT MIT KRÄUTERN

Besonders in der kalten Jahreszeit ist warmer Kartoffelsalat in Frankfurt ein Küchen-Klassiker.

Für 2 Portionen:

300 g neue Kartoffeln, fest kochend
100 g Kräuter, gemischt (Petersilie, Kerbel, Pimpinelle, Sauerampfer), fein gehackt
2 EL Butter
1 EL Zitronensaft
1 EL Essig
1 Msp. Senf
3 El Olivenöl
Pfeffer aus der Mühle
Salz

Zubereitung:

Die Kartoffeln mit der Schale etwa 20 Minuten kochen. Das Wasser abgießen, die Kartoffeln pellen und in Scheiben schneiden.

Die Butter in einer Pfanne erhitzen und das Olivenöl, den Essig, Zitronensaft und Senf zugeben sowie mit Pfeffer und Salz abschmecken.

Die warmen Kartoffelscheiben auf Teller verteilen, die Kräutermischung darüberstreuen und mit der Soße übergießen.

FRANKFURTER KARTOFFELGEMÜSE

Eine Variante dieses Frankfurter Traditionsgerichtes ist, kleine Hausmacher Leber- und Blutwürstchen im Kartoffelgemüse zu erwärmen und dazu eingemachte Rote Bete oder Gewürzgurken zu reichen.

Für 6 Portionen:

1 kg Kartoffeln
2 Zwiebeln, gehackt
1 EL saure Sahne
1 EL Schmalz
1 TL Mehl
1 Lorbeerblatt
250 ml Wasser
Salz

Zubereitung:

Das Schmalz in einem Topf erhitzen und die Zwiebeln darin andünsten. Die Kartoffeln schälen, in Scheiben schneiden und auf die Zwiebeln geben. Das Wasser hinzugießen und das Lorbeerblatt sowie etwas Salz hinzufügen und bei mittlerer Hitze 20 Minuten köcheln lassen.

Anschließend die restliche Flüssigkeit mit dem Mehl binden, 1 Minute kochen lassen, die saure Sahne unterziehen und mit Salz abschmecken.

GRÜNE SOSSE MIT EI UND KARTOFFELN

Die berühmte Frankfurter Grüne Soße („Grie Soß") wird in Hessen und anderswo mit Kartoffeln und hart gekochtem Ei serviert.

Für 4 Portionen:

1 kg Kartoffeln, gekocht
8 Eier
Grüne Soße (siehe Rezept)

Zubereitung:

Die Kartoffeln waschen und in einem Topf mit Wasser 20 Minuten gar kochen.

Die Eier in einem Topf mit Wasser 10 Minuten hart kochen, mit kaltem Wasser abschrecken und pellen.

Die Grüne Soße zu den Eiern und den Kartoffeln servieren.

PELLKARTOFFELN MIT GRÜNER SOSSE

Für 4 Portionen:

1 kg Kartoffeln
Grüne Soße (siehe Rezept)
Salz

Zubereitung:

Die Kartoffeln waschen, mit der Schale in einem Topf mit Wasser und etwas Salz 20 bis 25 Minuten gar kochen.

Das Wasser abgießen und 10 Minuten im Topf mit geschlossenem Deckel stehen lassen. So lassen sich die Kartoffeln leichter pellen.

Auf Teller geben und mit Grüner Soße servieren.

PELLKARTOFFELN MIT DICKMILCH

Ein einfaches Gericht für den Sommer.

Für 2 Portionen:

500 ml Dickmilch
6 Kartoffeln
1 Zwiebel, gehackt
1 EL Butter
Salz

Zubereitung:

Die Kartoffeln mit der Schale kochen.

Die Butter in einer Pfanne erhitzen und die Zwiebeln darin hell anbraten.

Die Dickmilch leicht salzen.

Die Butter-Zwiebelmischung in die Dickmilch geben und umrühren.

Die gekochten Kartoffeln pellen und in Scheiben schneiden, in Suppenteller füllen und mit der Dickmilch übergießen.

FRANKFURTER KARTOFFELKLÖSSE

Ein Rezept aus dem „Frankfurter Kochbuch" (1877) von Wilhelmine Rührig. Die Klöße werden zu Gans, Gulasch oder „Dippehas" gereicht.

Für 6 Portionen:

1 kg Kartoffeln, mehlig kochend
3 Eier
60 g Butter
3 gehäufte EL Mehl
etwas Milch
1 Prs. Muskatnuss
Salz

Garnitur:
1 Scheibe Schwarzbrot, zerbröselt
oder 1 Zwiebel, gehackt
1 EL Butter

Zubereitung:

Am Vortag die Kartoffeln kochen, so dass sie noch fest sind. Das Wasser abgießen und die Kartoffeln abkühlen lassen.

Am nächsten Tag die Kartoffeln pellen, reiben und mit den restlichen Zutaten in einer Schüssel gut vermischen. Aus dem Teig mit der Hand Klöße formen. Einen großen Topf mit leicht gesalzenem Wasser zum Kochen bringen und die Klöße darin 20 Minuten sieden lassen. Dann in eine Schüssel geben.

Für die Garnitur die Butter in einer Pfanne erhitzen und die Schwarzbrotbrösel oder die Zwiebel darin rösten. Mit der Butter über die Klöße geben.

FRANKFURTER KAPUZINER

Ein Beilagenklassiker zu Braten! Das Rezept soll aus dem Kapuzinerkloster auf dem Frankfurter Liebfrauenberg stammen.

Für 4 Portionen:

½ Weißkohl
50 g Speck, durchwachsen
1 Zwiebel, gehackt
3 Eier
150 g Mehl
4 Brötchen, altbacken
150 ml Milch
½ Bund Petersilie, fein gehackt
1 Prs. Kümmel, gemahlen
1 Prs. Muskatnuss, gemahlen
Pfeffer aus der Mühle
Salz

Zubereitung:

Den Weißkohl putzen, vierteln und die äußeren Blätter und den Strunk entfernen. Das Kraut in einem Topf mit leicht gesalzenem Wasser 20 Minuten bei mittlerer Hitze köcheln. Den Kohl in einem Sieb abgießen, gut abtropfen, auskühlen lassen und klein schneiden.

Die Brötchen würfeln, in einer Schüssel mit der Milch übergießen und 15 Minuten einweichen.

Den Speck in Würfel schneiden und mit der Zwiebel in einer Pfanne anbraten und glasig dünsten.

Den Kohl und die Brötchen gut ausdrücken, in einer Schüssel mit den Eiern, der Speck-Zwiebel-Mischung, dem Mehl, der Petersilie und den Gewürzen gut vermischen.

Aus dem Teig Klöße formen. In einem großen Topf Wasser zum Kochen bringen, die Hitze reduzieren und die Kapuziner-Klöße etwa 15 Minuten bei schwacher Hitze gar ziehen lassen. Mit einer Schaumkelle aus dem Wasser nehmen, abtropfen lassen und mit etwas Petersilie bestreut als Beilage reichen.

KARTOFFELPÜREE

Für 4 Portionen:

1 ½ kg Kartoffeln, mehlig kochend
70 g Butter
150 ml Milch
Wasser
1 Prs. Muskatnuss
Salz

Zubereitung:

Die Kartoffeln schälen, waschen und in Viertel schneiden. In einem Topf mit leicht gesalzenem Wasser etwa 20 Minuten gar kochen. Das Wasser abgießen und die Kartoffeln ausdampfen lassen.

Die Kartoffeln stampfen und durch ein Sieb streichen, zu gleichen Teilen Wasser und Milch einrühren, bis der Kartoffelbrei glatt ist.

Mit einem Stück Butter verfeinern und mit etwas Salz und Muskat abschmecken.

FRANKFURTER APFEL-KARTOFFEL-PÜREE

Für 4 Portionen:

1 kg Kartoffeln, mehlig kochend
2 EL Butter
1 TL Kümmel
2–3 Äpfel, säuerlich
250 ml Apfelwein
1 EL Zucker
1 Zimtstange
Pfeffer aus der Mühle
Salz

Zubereitung:

Die ungeschälten Kartoffeln in einem Topf mit Salzwasser und Kümmel weich kochen, das Wasser abgießen und mit kaltem Wasser abschrecken. Die Kartoffeln pellen und durch eine Kartoffelpresse drücken. Die Butter hinzugeben und unterrühren.

Die Äpfel schälen, entkernen und in Würfel schneiden. In einer Kasserolle die Äpfel mit Apfelwein, Zucker und Zimt kurz aufkochen. Sie sollten noch einen leichten Biss haben.

Durch ein Sieb abgießen und unter das Püree heben. Mit etwas Salz abschmecken.

SPISPI

Spiegelei und Spinat gibt es aus Tradition am Gründonnerstag.

Für 2 Portionen:

6 Kartoffeln
¼ TL Kümmel
450 g TK-Spinat
6 Eier
Butter zum Braten
Salz

Zubereitung:

Die Kartoffeln mit Kümmel in einem Topf mit Wasser gar kochen, mit kaltem Wasser abschrecken und pellen.

Den Spinat auftauen und in einem Topf erhitzen. Die Butter in einer Pfanne erhitzen, je 3 Spiegeleier darin braten und mit Salz bestreuen.

Die Kartoffeln auf Teller legen, den Spinat darüber- oder danebengeben und die Spiegeleier daraufsetzen.

BRATKARTOFFELN

Für 4 Portionen:

16 Kartoffeln
2 EL Butter
4 EL Öl, zum Braten
Salz

Zubereitung:

Die Kartoffeln in Scheiben oder mittelgroße Würfel schneiden.

Die Butter und das Öl in einer Pfanne erhitzen, die Kartoffeln hinzugeben und mit Salz würzen. 20 Minuten bei starker Hitze braten und mehrmals wenden, damit sie goldbraun und knusprig werden.

REIBEKUCHEN MIT APFELMUS

Reibekuchen nennt man in Frankfurt die Kartoffelpfannkuchen.

Für 4 Portionen:

1 kg Kartoffeln
1 kg Zwiebeln
2 EL Mehl
1 Prs. Muskatnuss
Öl, zum Braten
Pfeffer aus der Mühle
Salz
Apfelmus (siehe Rezept)

Zubereitung:

Die Kartoffeln und die Zwiebel reiben. Die Flüssigkeit abschütten. Die Kartoffel- und die Zwiebelmasse in einer Schüssel mit dem Mehl, Pfeffer, Salz sowie den Muskat verrühren.

Reichlich Öl in einer Pfanne erhitzen und die Reibekuchen auf beiden Seiten goldgelb backen.

Dann aus der Pfanne nehmen und das Öl auf Küchenkrepp abtropfen lassen.

SPAGHETTI MIT FRANKFURTER PESTO

Auch wenn Goethe dieses Rezept nicht von seiner Italienreise mitgebracht hat: Er hätte diese Speise wohl geschätzt. Es ist ein moderner Klassiker.

Für 4 Portionen:

400 g Spaghetti
220 g Grüne-Soße-Kräuter
3 EL Pinienkerne
3 Knoblauchzehen, geschält
100 g Parmesan, gerieben
200 ml Olivenöl
Pfeffer aus der Mühle
Salz

Zubereitung:

Die Grüne-Soße-Kräuter waschen und gut abtropfen lassen. Die Blätter abzupfen und mit dem Knoblauch und den Pinienkernen in den Küchenmixer geben. Zu einer cremigen Masse verarbeiten und in eine Schüssel füllen. Den geriebenen Parmesan zugeben und vom Olivenöl tropfenweise immer so viel unterrühren, wie von den Zutaten aufgenommen wird. Das Pesto soll sich zu einer cremigen Soße verbinden. Mit Salz und Pfeffer kräftig würzen.

Reichlich Salzwasser in einem Topf aufkochen und die Spaghetti darin in etwa 8 Minuten „al dente" kochen.

3 Esslöffel von dem heißen Nudelwasser abnehmen und unter das Frankfurter Pesto rühren.

Die Spaghetti abgießen, abtropfen lassen und mit dem Pesto in einer vorgewärmten Schüssel mischen.

FEINES SAUERKRAUT

Die original Frankfurter Küche verlangt, dass das Sauerkraut bereits am Vortag zubereitet wird. Dies beschrieb 1865 bereits Wilhelm Busch wie folgt:

„Eben geht mit einem Teller
Witwe Bolte in den Keller,
Daß sie von dem Sauerkohle
Eine Portion sich hole,
Wofür sie besonders schwärmt,
Wenn er wieder aufgewärmt."

Für 4 Portionen:

500 g Sauerkraut (siehe Rezept, oder aus der Dose)
1 Zwiebel, in Streifen geschnitten
100 ml Fleischbrühe
50 ml Wasser
2 EL Butterschmalz
2 Gewürznelken
1 Lorbeerblatt
4 Wacholderbeeren
1 Prs. Zucker
Pfeffer aus der Mühle
Salz

Zubereitung:

Das Sauerkraut in ein Sieb geben, mit kaltem Wasser abspülen und gut abtropfen lassen.

Das Butterschmalz in einem Topf erhitzen und die Zwiebeln darin andünsten. Das Sauerkraut hinzugeben.

Die Brühe und das Wasser zum Kraut gießen, die Gewürze in ein Teeei und zum Kraut geben.

Bei schwacher Hitze und geschlossenem Deckel 30 Minuten köcheln.

APFELSAUERKRAUT

Für 4 Portionen:

750 g Sauerkraut, frisch (siehe Rezept)
2 Äpfel
2 Zwiebeln, fein gehackt
30 g Speck, gewürfelt
20 g Schweinefett
Apfelwein

Zubereitung:

Das Fett in einem Topf erhitzen und die Zwiebeln darin anrösten.

500 g Sauerkraut und etwas Flüssigkeit hinzufügen.

Die Äpfel schälen, in Stücke schneiden und zum Kraut geben.

Die Speckwürfel in einer Pfanne anrösten und unter das Kraut rühren. Bei schwacher Hitze 1 ½ Stunden dünsten.

Vor dem Servieren das restliche frische Kraut unterheben.

Tipp vom Gasthof „Steinernes Haus": Zwiebeln und Speck weglassen und statt dessen Apfelsaft und Apfelmus ans Sauerkraut geben.

FRANKFURTER WEISSKRAUT

Eine köstliche Beilage zu Frankfurter Würstchen.

Für 4–6 Portionen:

1 Kopf Weißkraut
4 Pellkartoffeln, in dünne Scheiben geschnitten
1 Zwiebel, gerieben
250 ml Apfelwein
250 g saure Sahne
2 Eigelb
etwas Zitronensaft
1 EL Schmalz

Zubereitung:

Das Weißkraut in dünne Streifen schneiden. Wasser mit etwas Salz in einem Topf zum Kochen bringen und das Weißkraut darin 3 bis 5 Minuten kochen lassen. In einem Sieb abgießen und das Weißkraut in den Topf zurückgeben. Das Schmalz, die Zwiebel, den Apfelwein und etwas Zitronensaft hinzufügen und unter gelegentlichem Rühren dünsten.

Eine Auflaufform mit Butter ausstreichen und die Pellkartoffeln und das Kraut in mehreren Lagen einschichten.

Die Sahne und das Eigelb in einer kleinen Schüssel verquirlen, über das Kraut gießen und im auf 200 °C vorgeheizten Ofen goldbraun backen.

FUSSLAPPEGEMIES MIT FLÖH

„Fußlappegemies" ist der alte Frankfurter Name für Weißkraut. Als „Flöh" bezeichnete man den Kümmel. Das Gemüse wird zu Rippchen oder Bratwürsten serviert.

Für 4 Portionen:

1 Kopf Weißkraut
  („Fußlappegemies")
1 Zwiebel, gehackt
1 EL Kümmel („Flöh")
50 g Schmalz
3–4 Kartoffeln, in kleine
  Würfel geschnitten
250 ml Fleischbrühe
250 ml Apfelwein
Pfeffer aus der Mühle
Salz

Zubereitung:

Das Weißkraut entblättern und waschen. Anschließend in „Lappen" von etwa Handgröße zupfen. Die verbliebenen Stiele entfernen.

Wasser in einem Topf mit etwas Salz zum Kochen bringen, das Weißkraut hineingeben, kurz brühen, mit einem Schaumlöffel herausnehmen und abtropfen lassen.

Das Schmalz in einer Pfanne erhitzen und die Zwiebel und die Kartoffel darin anbraten. Den Kümmel hinzufügen, kurz mitbraten, das Weißkraut darauflegen, anbraten und wenden. Mit dem Apfelwein ablöschen und die Fleischbrühe angießen.

Das Gemüse weich kochen und mit Pfeffer und Salz abschmecken.

ARTISCHOCKEN MIT BUTTER

Artischocken waren zur Zeit Goethes in der Küche weit verbreitet. Sie wurden bis zu den Dörfern Bockenheim, Bornheim und Bergen neben Spargel und Wein angebaut. Auch in der Stadt wurden sie in Gärten und Vorgärten gezogen.

Für 4 Portionen:

4 Artischocken
4 EL Zitronensaft
200 g Butter
Wasser
Meersalz

Zubereitung:

Die Artischocken vorbereiten, indem man den Stiel ruckartig abdreht und so die harten Fasern aus dem Boden löst. Die unteren Blätter abbrechen. Alle vorbereiteten Artischocken in eine Schüssel mit Zitronenwasser legen, um Braunfärbungen zu vermeiden.

Das Zitronenwasser und so viel Wasser in einem Topf erhitzen, dass die Artischocken ganz bedeckt sind. Etwas Meersalz hinzugeben.

Wenn die Blätter der Artischocken sich leicht lösen, sind sie gar und werden aus dem Wasser genommen. Kopfüber abtropfen lassen und jede Artischocke mit 50 Gramm leicht gesalzener Butter servieren.

Dazu Baguette reichen.

GEKOCHTE ARTISCHOCKEN MIT PETERSILIE

Für 4 Portionen:

4 Artischocken
2 Scheiben Dörrfleisch, geräuchert
1 Zitrone
1 Sträußchen Petersilie, klein gehackt
250 ml Geflügelfond
200 ml Sahne
Butter

Zubereitung:

Die Artischocken schälen, so dass nur noch das Fruchtfleisch übrig ist. Mit etwas Zitronensaft einreiben und bis zur Weiterverarbeitung in kaltes Zitronenwasser legen. Wasser in einem Topf zum Kochen bringen und die Artischocken darin garen, bis die Blätter sich leicht lösen.

Das Dörrfleisch in Würfel schneiden und in einer Pfanne leicht anbraten.

Den Geflügelfond und die Sahne in einem Topf aufkochen und etwas reduzieren lassen. Die heiße Sauce im Küchenmixer mit der Petersilie sowie der kalten Butter mixen und zum Dörrfleisch gießen.

Die Artischocken aus dem Kochwasser nehmen, gut abtropfen lassen, auf Tellern anrichten und die Soße darübergeben.

Mit einigen Petersilienblättern dekorieren und servieren.

SOSSEN

GRÜNE SOSSE

Die Zuneigung zur Grünen Soße geht in Frankfurt recht weit. So erzählt man sich, es gebe sogar Einwohner, die glauben, der Gründonnerstag beziehe seinen Namen von der einheimischen Spezialität. Bestärkt werden sie in diesem Glauben dadurch, dass es im Kasino der in Frankfurt ansässigen Deutschen Bundesbank seit 1948 an jedem Gründonnerstag Grüne Soße gibt.

Für 4 Portionen:

100 g Grüne-Soße-Kräuter (Petersilie, Sauerampfer, Kresse, Schnittlauch, Pimpinelle, Borretsch, Kerbel)
2 Eier
2 Eigelb
2 EL Senf
2 EL Weißweinessig
8 EL Öl
250 g saure Sahne
weißer Pfeffer aus der Mühle
Salz

Zubereitung:

Die Eier in einem Topf mit Wasser 8 Minuten hart kochen. Mit kaltem Wasser abschrecken, pellen und das Eiweiß fein hacken.

Die Kräuter waschen, trocknen, die Stiele entfernen und die Kräuterblättchen fein hacken.

Das Eigelb in einer Schüssel mit dem Senf verrühren, den Essig hinzugeben und das Öl unter ständigem Schlagen mit dem Schneebesen langsam hinzugießen, so dass eine Mayonnaise entsteht.

Die Ei-Würfel mit den Kräutern unter die Mayonnaise rühren und mit Pfeffer und Salz abschmecken.

Die Grüne Soße zu hart gekochten Eiern und Pellkartoffeln oder Rindfleisch servieren.

ZWIEBELSOSSE

Für 4 Portionen:

250 ml Sahne
2 Zwiebeln, gehackt
50 g Dörrfleisch, mager
1 Prs. Muskatnuss
Pfeffer aus der Mühle
Salz

Zubereitung:

Das Dörrfleisch in kleine Würfel schneiden und unter Rühren in einer Pfanne auslassen.

Die Zwiebeln darin anbraten, dann die Sahne angießen und mit Muskat, Pfeffer und Salz würzen.

EIERSOSSE

Eine warme Frankfurter Soße
zu Salz- oder Pellkartoffeln.

Für 4 Portionen:

8–10 Eier, hart gekocht
2 EL Mehl
15 g Butter
500 ml Milch
1 Becher Schmand
1 EL Kräuter, gehackt
Pfeffer aus der Mühle
Salz

Zubereitung:

Die Butter in einem Topf erhitzen und das Mehl darin unter Rühren leicht anschwitzen. Den Topf vom Herd nehmen und die Milch mit dem Schneebesen unterrühren.

Die Soße unter Rühren erneut erhitzen, den Schmand und die Kräuter hinzugeben und mit Pfeffer und Salz abschmecken.

Die Eier klein schneiden und unter die Soße heben.

SENFSOSSE

Sie wird traditionell zu hart gekochten Eiern oder Fisch serviert. Wenn die Soße zu Fisch gereicht wird, nimmt man Fischfond statt Fleischbrühe. Die Sauce kann mit einer fein gehackten und glasig angeschwitzten Zwiebel verfeinert werden.

Für 4 Portionen:

2 EL Senf
30 g Butter
30 g Mehl
500 ml Fleischbrühe oder Milch
etwas Zitronensaft oder Essig
Zucker
Salz

Zubereitung:

Die Butter in einem Topf erhitzen, das Mehl hineinstreuen und unter Rühren anschwitzen.

Die Fleischbrühe oder Milch unter Rühren hinzugeben, eine Minute köcheln lassen und mit dem Senf, dem Zitronensaft, Salz und Zucker abschmecken.

APFELWEINSOSSE

Diese kalte Soße schmeckt nicht nur zu Kartäuserklößen, Wackel- oder Vanillepudding, sondern auch auf Pfannkuchen oder zu Rippchen mit Backpflaumen.

Für 4 Portionen:

375 ml Apfelwein
125 ml Wasser
4 Eier, getrennt
100 g Zucker
20 g Speisestärke

Zubereitung:

Den Apfelwein mit dem Wasser und dem Zucker in einem Topf zum Kochen bringen. So lange rühren, bis der Zucker sich aufgelöst hat. Den Topf vom Herd nehmen, die Speisestärke in etwas kaltem Wasser auflösen, in die Apfelweinmischung einrühren.

Unter Rühren erneut aufkochen lassen. Dann die Hitze reduzieren und unter Rühren so lange weiter köcheln, bis die Soße eindickt. Dann den Topf erneut vom Herd nehmen.

Das Eigelb in einer kleinen Schüssel verrühren, mit einem Esslöffel von der Apfelweinsoße vermischen und unter die Soße rühren.

In einer weiteren Schüssel das Eiweiß steif schlagen und unter die Soße ziehen.

Vor dem Servieren im Kühlschrank abkühlen lassen.

BISCHOFSOSSE

Auch diese Soße wird zu Kartäuserklößen gereicht.

Für 4 Portionen:

500 ml Rotwein
2 Nelken
1 Orangenscheibe, ohne Kerne
1 Zitronenscheibe, ohne Kerne
100 g Zucker
1 EL Speisestärke
½ Pkg. Vanillezuckere

Zubereitung:

Den Wein, die Nelken, die Orangen- und die Zitronenscheibe mit dem Zucker in einem Topf aufkochen lassen.

Die Speisestärke mit etwas Wasser anrühren, in den Topf geben und 3 Minuten kochen lassen. Den Vanillezucker hineinstreuen und die Soße warm servieren.

FRANKFURTER KIRSCHSOSSE

In alten Rezepten wird diese Soße mit 6 Esslöffeln gestoßenen Kirschkernen zubereitet.

Für 4 Portionen:

500 g Kirschen, süß, entsteint
500 g Schattenmorellen, entsteint
1 Zitrone, Saft und etwas abgeriebene Schale davon
3 Scheiben Weißbrot
200 ml Wein
250 g Zucker
50 g Butter
etwas Zimt, gemahlen

Zubereitung:

Das Weißbrot entrinden und reiben.

In einer Pfanne die Butter erhitzen und das geriebene Weißbrot unter Rühren rösten.

Mit den übrigen Zutaten in einem Topf unter Rühren zu einer dicken Soße einkochen.

APFELMUS

Es wird als Nachspeise und zu Kartoffelpfannkuchen serviert.

Für 4 Portionen:

1 kg Äpfel
½ Zitrone, Saft und abgeriebene Schale davon
1 EL Essig
Wasser
200 g Zucker

Zubereitung:

Die Äpfel vierteln und die Kerngehäuse herausschneiden. Die Viertel sofort in eine Schüssel mit kaltem Essigwasser legen.

200 ml Wasser mit dem Zucker in einen Topf geben und aufkochen lassen. Die Zitronenschale und den Zitronensaft hinzufügen. Die Apfelstücke aus dem Essigwasser nehmen, abtropfen lassen und in den Topf geben.

Die Äpfel unter ständigem Rühren weich kochen, anschließend durch ein Sieb passieren und in Gläser füllen.

Die Gläser 30 Minuten im Wasserbad bei 90 °C einkochen, dann verschließen und abkühlen lassen.

APFELKOMPOTT

Ein idealer Begleiter zu heißer Blutwurst!

Für 4 Gläser:

500 g Äpfel, säuerlich
150 ml Wasser
2–3 EL Zucker
1 EL Rosinen
100 ml Apfelsaft
1 EL Zitronensaft
½ Zimtstange

Zubereitung:

Die Rosinen 2 Stunden in einer kleinen Schüssel mit dem Apfelsaft einweichen.

Die Äpfel schälen, achteln und das Kerngehäuse entfernen. Die Apfelstücke in grobe Würfel schneiden.

Die Rosinen durch ein Sieb abgießen, mit den restlichen Zutaten in einen Topf geben und bei mittlerer Hitze etwa 8 Minuten weich kochen.

Die Zimtstange entfernen und das Kompott abkühlen lassen.

DESSERTS UND SÜSSE SPEISEN

FRANKFURTER PUDDING MIT BISCHOFSOSSE

Der Frankfurter Pudding wird auf verschiedene Arten zubereitet. So könnte man bei diesem Rezept zum Beispiel auf Zitronat, Orangeat und Rum verzichten. Manche Hausfrau gibt 2 Esslöffel Schokoladenraspel in den Pudding.

Für 4 Portionen:

250 g Weißbrotwürfel
4 Eier
375 ml Milch
100 g Butter
4 EL Zucker
50 g Mandeln, gehackt
50 g Zitronat
50 g Orangeat
½ Zitrone, abgeriebene Schale davon
3 EL Rotwein
1 EL Rum
1 TL Zimt, gemahlen
1 TL Nelken, gemahlen

Soße:
500 ml Rotwein
4 EL Johannisbeergelee
50 g Zucker
2 EL Speisestärke

Zubereitung:

Die Butter in einer Pfanne erhitzen und die Hälfte der Weißbrotwürfel darin anrösten.

In einer Schüssel mit dem restlichen Weißbrot mischen und die Milch darübergießen.

Den Zucker, die gehackten Mandeln und die Gewürze, die geriebene Zitronenschale sowie das Orangeat und das Zitronat unterrühren.

Die Eier mit dem Rum und dem Rotwein verquirlen und über die Masse gießen.

Eine feuerfeste Form mit Butter ausstreichen, die Puddingmasse einfüllen und im auf 175 °C vorgeheizten Ofen etwa 40 Minuten backen.

1 Zitrone, abgeriebene Schale davon
1 Prs. Nelken, gemahlen
1 Prs. Zimt, gemahlen

Für die Soße den Rotwein mit dem Zucker, dem Johannisbeergelee, der Zitronenschale und den Gewürzen in einem Topf aufkochen lassen.

Die Speisestärke in etwas Rotwein auflösen und in die Soße rühren. Kurz aufkochen und abkühlen lassen.

Den Frankfurter Pudding warm servieren und die Bischofsoße dazu reichen.

FRANKFURTER PUDDING MIT ÄPFELN

Für 4 Portionen:

2 Äpfel
250 g altes Schwarzbrot, gerieben
250 ml Rotwein
75 g Butter
5 Eier, getrennt
75 g Mandeln, gerieben
Butter für die Form
½ TL Zimt
125 g Zucker
1 Prs. Salz

Zubereitung:

Das geriebene Brot in einer Schüssel mit dem Rotwein übergießen und 10 Minuten durchziehen lassen.

Die weiche Butter und den Zucker in einer Schüssel mit dem Handmixer schaumig rühren. Unter Rühren das Eigelb nach und nach hinzugeben und mit Salz und Zimt würzen.

Die Äpfel schälen, entkernen und in kleine Würfel schneiden. Das Schwarzbrot, die Mandeln und die Apfelwürfel unterrühren.

Das Eiweiß in einer Schüssel steif schlagen und unter die Masse heben.

Eine verschließbare Puddingform mit Butter ausstreichen und den Teig hineinfüllen. Die Form mit dem Deckel verschließen und im Wasserbad 40 Minuten kochen.

Anschließend aus dem Wasserbad nehmen, auf einen Teller stürzen und mit Kompott, Bischof-, Fruchtsoße oder Apfelmus servieren.

KIRSCHENMICHEL

Eine süße Haupt- oder Nachspeise.

Für 10-12 Gläser:

250 g Kirschen, frisch
125 ml Milch
125 g Quark (20 % Fett)
2 Brötchen, altbacken
2 Eier
1 TL Zitronenschale, abgerieben
1 EL Zimtzucker
3 EL Zucker

Zubereitung:

Die Brötchen in dünne Scheiben schneiden und die Hälfte davon auf den Böden von 10 bis 12 feuerfesten Dessert-Schüsselchen verteilen.

Den Quark mit zwei Dritteln des Zuckers, 1 Ei und der Zitronenschale gut verrühren. Die Masse auf die Schüsselchen verteilen.

Die Kirschen waschen, entsteinen und ebenfalls in die Schüssel füllen. Die restlichen Brötchenscheiben darauflegen.

Die Milch mit dem zweiten Ei verrühren, den verbliebenen Zucker unterrühren und über die Brotscheiben gießen. Dabei darauf achten, dass das ganze Brot gut befeuchtet wird. Den Zimtzucker darüberstreuen.

Die Schüsselchen in den kalten Backofen stellen, auf 200 °C aufheizen und etwa 1 Stunde garen.

Den Kirschenmichel warm servieren und dazu evtl. Weinschaum- oder Vanillesoße reichen.

FRANKFURTER NACHTKAPP'

Die „Frankfurter Schlafhaube" zieht man nicht mehr auf, wenn man zu Bett geht. Vielmehr ist sie ein köstliches Milchreisdessert.

Für 4 Portionen:

125 g Milchreis
750 ml Milch
5 Eier
1 Pkg. Vanillezucker
50 g brauner Zucker
1 ½ EL Rum
½ Zitrone, abgeriebene Schale davon
150 g Kirschen, entsteint
2 EL Butter
1 Prs. Salz

Zubereitung:

Die Milch in einem Topf mit einer Prise Salz würzen und zum Kochen bringen. Den Reis waschen, in einem Sieb abtropfen lassen und in die kochende Milch geben. Die Hitze reduzieren und 35 Minuten bei schwacher Hitze quellen lassen. Wenn nötig, noch etwas Wasser angießen. Anschließend den Topf vom Herd nehmen.

Die Eier trennen, das Eigelb in einer Schüssel mit dem Vanillezucker, dem Rohrzucker, dem Rum und den abgeriebenen Zitronenschalen mit dem Handmixer schaumig schlagen. Den Eischaum unter den Reis rühren.

Eine Auflaufform mit Butter ausstreichen, den Reis hineinfüllen und glatt streichen. In die Mitte des Reis eine Vertiefung drücken, mit den entsteinten Kirschen füllen und mit Reis bedecken.

Die Auflaufform in den auf 180 °C vorgeheizten Ofen geben und etwa 15 Minuten backen.

Das Eiweiß in einer Schüssel zu einem festen Eischnee schlagen, den Zucker untermischen und auf dem Auflauf verstreichen. Wieder in den Ofen stellen und mit einigen Butterflocken goldgelb überbacken.

Heiß servieren und mit Kirsch- oder Erdbeersirup oder einem Obstkompott anrichten.

APFELPFANNKUCHEN

Für 4 Portionen:

3 Äpfel, säuerlich
2 EL Zimtzucker
Zucker, zum Bestreuen

Teig:
250 g Mehl
4 Eier
300 ml Milch
100 ml Mineralwasser
50 g Butterschmalz
1 Prs. Salz

Zubereitung:

Die Äpfel schälen, entkernen und in dünne Scheiben schneiden. Die Apfelscheiben mit Zimtzucker bestreuen und einige Minuten stehen lassen.

Für den Teig die Eier in eine Schüssel aufschlagen, die Hälfte der Milch hineingießen und mit einem Handmixer schaumig schlagen. Die restliche Milch und das Mineralwasser dazugießen. Unter weiterem Rühren nach und nach das Mehl zugeben und mit Salz würzen.

So viel Butterschmalz in einer Pfanne erhitzen, dass der Boden dünn bedeckt ist. Ein Viertel der Apfelscheiben in der Pfanne verteilen. Den Teig mit einer Schöpfkelle daraufgeben und etwas schwenken. Den Pfannkuchen bei geringer Hitze goldbraun braten, wenden und auf der anderen Seite ebenfalls goldbraun backen.

Mit dem nächsten Pfannkuchen ebenso verfahren. Die fertigen Pfannkuchen im Backofen warm halten.

Zum Servieren auf Teller legen und mit Zucker bestreuen.

FRANKFURTER PFANNKUCHENTORTE

Für 4 Portionen:

8 Pfannkuchen (siehe Rezept Apfelpfannkuchen oder Feine Eierkuchen)
2 Eier
2 Eigelb
125 g Mandelsplitter
60 g Zitronat, fein gehackt
1 Zitrone, abgeriebene Schale davon
125 g Zucker
Butter zum Bestreichen

Zubereitung:

Die Pfannkuchen in einer Pfanne möglichst dünn backen.

Den Zucker und die Eier in einer Schüssel schaumig rühren. Die übrigen Zutaten hinzufügen.

Die Pfannkuchen lagenweise in eine mit Butter ausgestrichene Auflaufform legen, dabei jede Schicht mit der Ei-Masse bedecken.

Mit etwas Backpapier abdecken und 45 Minuten bei kleiner Hitze backen. Dazu Apfelweinsoße (siehe Rezept) reichen.

PFANNKUCHEN MIT SCHNITTLAUCH

Ein Rezeptklassiker, bei dem man statt Schnittlauch auch die 7 Kräuter der Frankfurter Grünen Soße verwenden kann.

Für 6 Stück:

450-500 ml Milch
250 g Mehl
1 Msp. Trockenhefe
4 Eier, getrennt
125 ml Mineralwasser
4 EL Schnittlauch, fein gehackt
Butter zum Braten
1 TL Zucker
1 TL Salz

Zubereitung:

Das Eigelb, das Mehl, die Milch, das Salz, den Zucker und die Hefe in einer Schüssel verrühren und abgedeckt an einem warmen Ort mehrere Stunden gehen lassen.

Anschließend das Eiweiß in einer Schüssel steif schlagen. Das Mineralwasser, den Schnittlauch und den Eischnee vorsichtig unter den Teig ziehen.

Die Butter in einer Pfanne erhitzen und die Pfannkuchen von beiden Seiten goldbraun backen.

FEINE EIERKUCHEN

Ein Rezept aus dem Jahr 1479 für 8 Pfannkuchen.

Für 4 Portionen:

4 Eier
2 Äpfel
1 EL abgeriebene Orangenschale
1 EL Rosinen
300 ml Milch
3 EL Mineralwasser
250 g Mehl
5 g Hefe oder 1 Msp. Trockenhefe
90 g Zucker
2 Msp. Salz

Zimtzucker:
1 EL Puderzucker
1 EL Zimt

weiter:
Butter für die Pfanne

Zubereitung:

Die Rosinen in einer Schüssel 1 Stunde in kaltem Wasser einweichen. Anschließend das Wasser abgießen.

Die Eier trennen, das Eiweiß in einer Schüssel steif schlagen.

Das Mehl, das Eigelb, die Milch, die Hefe, den Zucker, das Salz und die Orangenschale in einer weiteren Schüssel mischen und gut verrühren. Abgedeckt an einem warmen Ort 1 Stunde gehen lassen.

Die Äpfel schälen, entkernen und grob reiben. Die geriebenen Äpfel, das Mineralwasser und die Rosinen untermischen. Das steif geschlagene Eiweiß unterziehen.

Die Butter in einer Pfanne erhitzen, mit einer Schöpfkelle den Teig in die Pfanne geben und nacheinander 8 Eierkuchen auf beiden Seiten goldbraun backen.

Anschließend auf Teller legen und mit der Mischung aus Zucker und Zimt bestreut servieren.

FRANKFURTER APFELWEINCREME

Für 4 Portionen:

500 ml Apfelwein
60 g Zucker
3 Scheiben Zitrone
1 Pkg. Vanillepuddingpulver
3 Eier, getrennt
½ Stange Zimt
2 Nelken

Zubereitung:

Etwas Apfelwein in eine Kasserolle gießen und das Puddingpulver darin auflösen. Den restlichen Apfelwein in einem weiteren Topf mit den Nelken, dem Zimt, dem Zucker und den Zitronenscheiben erhitzen. Wenn der Apfelwein zu kochen beginnt, die Gewürze herausnehmen.

Das Eigelb in einer Schüssel mit etwas heißem Apfelwein verrühren. Das aufgelöste Puddingpulver zum Apfelwein geben und unter Rühren so lange kochen, bis die Masse eindickt. Anschließend die Eigelbmischung einrühren und kurz aufkochen lassen.

Die Creme in eine Schüssel gießen und unter gelegentlichem Rühren abkühlen lassen.

Das Eiweiß in einer Schüssel mit dem Handrührer steif schlagen und unter die lauwarme Apfelweincreme ziehen.

Die Creme in Gläser oder Schüsseln füllen und im Kühlschrank fest werden lassen.

APFELWEIN-SAHNECREME

Für 4 Portionen:

200 ml Apfelwein
200 ml Sahne
20 ml Berentzen Winterapfel
100 g Zucker
2 Blatt Gelatine
Beeren zur Dekoration

Zubereitung:

Die Gelatineblätter in einer Schüssel mit kaltem Wasser 10 Minuten einweichen.

Die Sahne in einer Schüssel mit dem Handrührer steif schlagen.

Den Apfelwein in einer Kasserolle erhitzen, den Zucker hineinstreuen und unter Rühren auflösen. Die Gelatine aus dem Wasser nehmen, ausdrücken, zum Apfelwein in die Kasserolle geben und unter Rühren mit dem Schneebesen auflösen.

Die Kasserolle in eine Schüssel mit kaltem Wasser und Eiswürfeln stellen und unter gelegentlichem Rühren abkühlen lassen. Wenn die Creme beginnt einzudicken, die steif geschlagene Sahne unterziehen, in Schüsseln füllen und im Kühlschrank 4 Stunden stehen lassen.

Mit Beeren oder Apfelkompott dekorieren.

BRATAPFEL

Bratäpfel werden traditionell im Winter zur Weihnachtszeit aus lagerfähigen, festen und säuerlichen Apfelsorten wie Boskopp zubereitet. Die Frankfurter lieben Marzipan, und neben Bethmännchen und Brenten lieben sie Marzipan auch im Bratapfel. Dazu kann man Vanillesoße servieren.

Für 2 Portionen:

2 Äpfel
60 g Marzipan
2 EL Rosinen
2 TL Zucker
etwas Zimt

Zubereitung:

Aus den Äpfeln mit einem Apfel-Ausstecher das Kerngehäuse entfernen. Die Äpfel in eine feuerfeste Form setzen.

Das Marzipan mit den Rosinen, dem Zucker und dem Zimt in einer Schüssel vermengen.

Die Mischung in die ausgestochenen Äpfel füllen und im auf 180 °C vorgeheizten Ofen 20 bis 30 Minuten backen.

FRANKFURTER GÖTTERSPEISE

Diese Nachspeise ist sehr beliebt bei Groß und Klein. Während in anderen Regionen die Götterspeise mit Waldmeister zubereitet wird (auch „Froschsülze" genannt), verwenden die Frankfurter ihren besten Apfelwein und verfeinern die Speise mit Sahne.

Für 4 Portionen:

500 ml Apfelwein oder -saft
250 ml Sahne
4 Eier
1 ½ Pkg. Gelatine, gemahlen
100 g Zucker

Zubereitung:

Die Eier trennen und das Eigelb mit dem Zucker in einer Schüssel schaumig rühren. Dabei langsam den Apfelwein zugießen.

Die Gelatine gemäß der Anleitung auf der Packung in etwas Apfelwein auflösen und unter den Ei-Schaum schlagen. Das Eiweiß steif schlagen und in einer weiteren Schüssel die Sahne steif schlagen.

Wenn die Eigelb-Mischung dick zu werden beginnt, zunächst die Sahne und anschließend den Eischnee unterziehen.

Vor dem Servieren einige Stunden im Kühlschrank ruhen lassen.

FRANKFURTER APFELAUFLAUF

Ein Klassiker, der auch als Hauptspeise serviert wird.

Für 4 Portionen:

1 kg Äpfel
1 L Milch
100 ml Apfelwein
1 Zitrone, Saft davon
50 g Rosinen
125 g Grieß
50 g Butter
4 Eier
4 EL Sahne
1 Pkg. Vanillezucker
2–3 EL Zimtzucker
10 EL Zucker
Salz

Vanillesoße:
500 ml Milch
1 Vanilleschote
4–5 Eigelb
3 EL Zucker

Zubereitung:

Für die Vanillesoße die Vanilleschote längs halbieren, das Mark auskratzen. Die Milch mit dem Mark, dem Zucker und den Hälften der Vanilleschote in einem Topf zum Kochen bringen. Anschließend vom Herd nehmen, 20 Minuten ziehen lassen und dann die Vanilleschote entfernen.

Das Eigelb mit einem Schneebesen unter die Milch rühren. Die Soße erneut unter Rühren so lange erhitzen, bis sie eindickt, sie darf aber nicht kochen. Die Soße im Kühlschrank abkühlen lassen.

Für den Apfelauflauf die Rosinen in einer Schüssel mit Apfelwein 30 Minuten quellen lassen.

Die Milch in einen Topf aufkochen lassen. Den Grieß, die Butter, das Salz, 6 Esslöffel Zucker sowie den Vanillezucker unter Rühren hinzufügen. Die Hitze reduzieren und den Grieß bei schwacher Hitze 10 Minuten quellen lassen.

Die Äpfel schälen, das Kerngehäuse ausstechen, die Äpfel in dünne Scheiben schneiden und in einer Schüssel mit dem Apfelwein, dem Zitronensaft und dem restlichen Zucker mischen. Die gequollenen Rosinen abgießen, in kleine Stücke schneiden und zu den Äpfeln geben.

Die Eier aufschlagen, trennen und das Eiweiß in einer Schüssel steif schlagen.

In einer weiteren Schüssel die Sahne mit dem Eigelb verquirlen, mit dem Eischnee unter den Grießbrei ziehen und unter die Äpfel mischen.

Eine Auflaufform mit Butter ausstreichen, die Mischung hineinfüllen und glatt streichen.

Im auf 180 °C vorgeheizten Ofen 45 Minuten backen.

Aus dem Ofen nehmen und mit dem Zimt-Zucker bestreuen.

ÄPPELRÄNZSCHER

In Teig ausgebackene Apfelscheiben.

Für 4 Portionen:

1 kg Äpfel, sauer
2 Zitronen, Saft davon
1 EL Rum
80 g Zucker
500 g Butterschmalz
Zimtzucker

Bierteig:
230 g Mehl
1 Prs. Salz
1 EL Zucker
250 ml Bier
2 Eigelb
50 g Butter, zerlassen
2 Eiweiß

Weinbrandsahne:
250 ml Sahne
1 EL Zucker
4 EL Weinbrand

Zubereitung:

Für den Bierteig das Mehl mit dem Salz und dem Zucker in einer Schüssel mischen. Das Bier angießen und zu einem glatten Teig rühren.

Das Eigelb und die lauwarme Butter hinzugeben, unterrühren und den Teig 30 Minuten an einem warmen Ort ruhen lassen.

Anschließend das Eiweiß steif schlagen und unter den Teig heben.

Die Äpfel schälen und die Kerngehäuse ausstechen. Die Äpfel in 1 cm dicke Scheiben schneiden und mit Zitronensaft beträufeln, in einer Schüssel mit dem Rum und dem Zucker marinieren.

Das Butterschmalz in einer tiefen Pfanne auf 180 °C erhitzen. Die Apfelscheiben durch den Bierteig ziehen, abtropfen lassen und im heißen Fett backen.

Sobald sich die Unterseite goldbraun färbt, die Apfelscheiben wenden und ebenfalls goldgelb backen.

Aus dem Butterschmalz nehmen, auf Küchenkrepp abtropfen lassen und im Zimtzucker wenden.

Für die Weinbrandsahne die Sahne halbsteif schlagen, dabei den Zucker und den Weinbrand hinzufügen.

Die Äppelränzscher auf Tellern mit der Weinbrandsahne anrichten.

KARTÄUSERKLÖSSE MIT BISCHOF- ODER APFELWEINSOSSE

Kartäuserklöße waren schon zur römischen Zeit bekannt. Apicius schrieb über sie in seinem Kochbuch. Die Gebrüder Grimm überlieferten das älteste Rezept in deutscher Sprache. Die Klöße mit Bischof- oder Apfelweinsoße servieren.

Für 4 Portionen:

8 Brötchen, altbacken
1 L Milch, heiß
2 Eier
100 g Butter
40 g Zucker
½ Zitrone, abgeriebene Schale davon
¼ TL Zimt
1 Prs. Salz

weiter:
Bischof- oder Apfelweinsoße (siehe Rezept)

Zubereitung:

Die Rinde der Brötchen mit einer Reibe rundherum abreiben. Die Brösel beiseitestellen. Die Brötchen längs halbieren.

Die Eier, die Hälfte des Zuckers, die abgeriebene Zitronenschale mit dem Salz in einer Schüssel verrühren. Dann die Brötchenhälften hineingeben und 10 Minuten weichen lassen. Nach dieser Zeit herausnehmen und gut abtropfen lassen.

Die Brösel mit dem Zucker und dem Zimt in einer kleinen Schüssel mischen und die Brötchenhälften darin wenden.

Die Butter in einer Pfanne erhitzen und die „panierten" Brötchen darin goldbraun backen.

APFELWEINEIS

Für 12 Portionen:

3 L Apfelwein
850 g Zucker
125 g Butter
25 Eigelb
2 Stangen Zimt
4 Stangen Vanille
1 Nelke
2 Lorbeerblätter

Zubereitung:

2 Liter Apfelwein mit dem Zimt, der Nelke und den Lorbeerblättern in einem Topf bei mittlerer Hitze auf einen halben Liter reduzieren. Vom Herd nehmen und den restlichen Apfelwein hineingießen.

Den Zucker mit der Butter und der ausgekratzten Vanille im Wasserbad auf 70 °C erhitzen, das Eigelb und den Apfelwein (durch ein Sieb) hineingießen.

Unter ständigem Rühren auf 85 °C erhitzen und unter weiterem Rühren im Eisbad wieder auf 70 °C abkühlen.

Die Masse durch ein Sieb passieren, in eine Eismaschine füllen und darin ein cremiges Eis bereiten.

APFELWEINEIS

Für 4 Portionen:

Für 4 Portionen:
200 ml Apfelwein
1 kg Äpfel
200 g Zucker
½ Zitrone, Saft davon
2–4 EL Calvados

Zum Servieren:
4 EL Calvados

Zubereitung:

Den Apfelwein mit dem Zucker in einer Kasserolle unter Rühren aufkochen lassen. Die Hitze reduzieren und weitere 2 Minuten köcheln. Dann den Zitronensaft zugießen.

Die Äpfel schälen, das Kerngehäuse ausstechen und in Schnitze schneiden. Diese in den köchelnden Wein geben und bei geschlossenem Deckel 5 bis 10 Minuten weich kochen. Anschließend vom Herd nehmen, abkühlen lassen und mit einem Pürierstab oder im Küchenmixer pürieren.

Wenn der Brei vollständig abgekühlt ist, den Calvados unterrühren, ihn in eine Schüssel geben und in das Gefrierfach stellen. Etwa 4 Stunden gefrieren, wobei das Sorbet unbedingt halbstündlich mit dem Schneebesen durchgehoben werden muss, damit ein gleichmäßiges Sorbet entsteht und dieses nicht zu fest gefriert.

In Sektgläser verteilen und nach Belieben mit 1 oder 2 Esslöffeln Calvados übergießen.

RAUSCHERSORBET

Für 4 Portionen:

250 ml Rauscher (Federweißer vom Apfelwein)
40 g Puderzucker
1 Apfel
etwas Zitronensaft

Zubereitung:

Den Rauscher und den Zitronensaft in einer Schüssel mit 30 g Puderzucker verrühren, bis sich der Zucker aufgelöst hat.

Eine flache Form mit dem restlichen Puderzucker ausstreuen und die Flüssigkeit hineingießen. Im Gefrierschrank 4 Stunden gefrieren lassen und alle 20 bis 30 Minuten mit dem Schneebesen durchheben.

Zum Servieren mit einem kräftigen Esslöffel abschaben, in die vorbereiteten, gekühlten Gläser füllen und mit Apfelspalten verzieren.

BACKWAREN

FRANKFURTER KRANZ

Eine Tortenspezialität, die in einer Kranzform gebacken und mit Buttercreme, Konfitüre, Krokant und Belegkirschen zubereitet wird. Der Frankfurter Kranz schmeckt am besten, wenn er vor dem Verzehr 1 Tag durchziehen kann.

Für 1 Torte:

Teig:
125 g Butter
150 g Zucker
4 Eier
½ Zitrone, abgeriebene Schale davon
100 g Speisestärke
120 g Mehl
1 TL Backpulver
1 Prs. Salz

Creme:
1 Pkg. Vanille-Puddingpulver
500 ml Milch
100 g Zucker
250 g Butter
2 EL Kirschwasser

Verzierung:
200 g Zucker
200 g Mandeln, gehackt
7 kandierte Kirschen, halbiert
1 EL Butter

Zubereitung:

Die Butter, den Zucker, die Eier und die Zitronenschale mit dem Salz in einer Schüssel mit dem Handrührer so lange schlagen, bis sich der Zucker aufgelöst hat.

Die Speisestärke, das Mehl und das Backpulver in einer Schüssel mischen und unter den Ei-Schaum rühren.

Eine Kranz-Form mit Butter ausstreichen, Paniermehl hineinstreuen, in der Form verteilen, den Teig einfüllen und glatt streichen.

Im auf 180 °C vorgeheizten Backofen 50 Minuten backen. Dann aus dem Ofen nehmen, abkühlen lassen und aus der Form nehmen. Einige Stunden stehen lassen und dann zweimal quer durchschneiden.

Für die Creme aus Puddingpulver, Milch und Zucker nach der Packungsanweisung einen Vanillepudding kochen. Vom Herd nehmen und unter gelegentlichem Rühren mit dem Schneebesen abkühlen lassen.

Die Butter in einer Schüssel mit dem Handrührer schaumig schlagen. Dann den Pudding esslöffelweise hinzugeben, das Kirschwasser angießen und dabei weiterrühren.

Den Kranz mit 2 Drittel der Creme füllen und wieder zusammensetzen, innen und außen dünn mit Creme bestreichen.

Für die Verzierung die Butter in einer Pfanne erhitzen und den Zucker darin hellbraun werden lassen. Die Mandeln unterrühren, die Masse auf eine gefettete Aluminiumfolie gießen, möglichst glatt streichen und erkalten lassen. Den so bereiteten Krokant von der Folie lösen, mit einem Messer fein zerkleinern und den Kranz damit bestreuen.

Die restliche Creme als Rosetten aufspritzen und mit den Kirschenhälften garnieren.

QUARKTORTE NACH ALT FRANKFURTER ART

Ein altes Backrezept für Quarktorte. Sie wurde früher ohne Tortenboden in einer Auflaufform gebacken.

Für 1 Torte:

Teig:
175 g Mehl
125 g Butter, kalt
1 Ei
50 g Zucker
1 TL Backpulver

Belag:
750 g Quark, mager
6 Eier, getrennt
100 ml Weißwein
50 g Zucker
1 EL Honig
2 EL Mandelsplitter
1 EL Rosinen
1 EL Butter

Zubereitung:

Für den Teig das Mehl, den Zucker und das Backpulver in einer Schüssel vermischen. Eine Vertiefung in die Mitte drücken und das Ei hineingeben. Die Butter in kleinen Flocken auf dem Mehl verteilen und schnell mit den Händen zu einem Teig verkneten.

Den Teig 20 Minuten abgedeckt im Kühlschrank ruhen lassen. Anschließend auf einer bemehlten Fläche ausrollen und dann in die Springform drücken.

Für den Belag die Rosinen in einer Schüssel mit kaltem Wasser einweichen. Das Eigelb und den Zucker mit dem Handmixer in einer Schüssel schaumig rühren. Den Quark hinzugeben und zu einer geschmeidigen

Masse verrühren. Die Rosinen in einem Sieb abtropfen, mit dem Weißwein in einen Topf kurz aufkochen lassen. Dann vom Herd nehmen. Die Butter in einer Pfanne schmelzen und mit dem Wein und den Rosinen unter die Quarkmasse rühren.

Das Eiweiß steif schlagen und 2 Drittel davon unterheben. Die Quarkmasse auf den Teigboden füllen.

Den restlichen Eischnee mit dem Honig sowie den Mandelsplittern verrühren und über den Quark geben.

Im auf 180 °C vorgeheizten Backofen 40 Minuten backen.

FRANKFURTER BIENENSTICH

Frisch gebacken muss er sein, damit er so schmeckt, wie er schmecken soll.

Für 1 Torte:

Teig:
150 g Mehl
125 g Zucker
150 g Butter, weich
4 Eier
2 gestrichene TL Backpulver
1 Pkg. Vanillezucker

Füllung:
7 Blätter Gelatine
500 g Sahne
500 ml Milch
1 Pkg. Vanillepuddingpulver
50 g Zucker

Belag:
150 g Mandeln, grob gehackt
120 g Mandeln
120 g Butter
500 ml Milch

Zubereitung:

Für die Füllung die Gelatine in einer kleinen Schüssel mit kaltem Wasser 10 Minuten einweichen. Die Milch, den Zucker und das Puddingpulver in einem Topf zu einem Pudding kochen. Dann 5 Blätter Gelatine ausdrücken, einzeln zugeben und einrühren. Den Pudding gut abkühlen lassen. Die Sahne mit der restlichen ausgedrückte Gelatine steif schlagen und unter den Pudding ziehen.

Für den Teig das Mehl mit dem Backpulver in einer Schüssel mischen. Die restlichen Zutaten für den Teig hinzugeben und mit dem Handrührer 2 bis 3 Minuten zu einem glatten Teig verarbeiten.

Ein Springform mit 20 cm Durchmesser mit Butter ausstreichen, den Teig in die Form füllen und glatt streichen. Auf der mittleren Schiene des auf 180 °C vorgeheizten Ofens 20 Minuten backen.

Für den Belag den Honig, die Milch und die Butter in einem Topf aufkochen lassen. Dann die gehackten Mandeln untermischen.

Nach den 20 Minuten die Mandelmasse auf den gebackenen Teig geben, glatt streichen und 15 Minuten goldgelb backen. Anschließend den Kuchen aus dem Ofen nehmen, abkühlen lassen und aus der Form lösen.

Den Kuchen nach dem völligen Erkalten auf halber Höhe flach durchschneiden, die Vanille-Buttercreme auf dem Teigboden glatt streichen und den Teigdeckel daraufsetzen.

Den Bienenstich 3 Stunden kühl stellen, jedoch nicht im Kühlschrank, und den Kuchen nicht abdecken.

SAFTIGER KÄSEKUCHEN

Für 1 Kuchen:

Teig:
250 g Mehl
125 g Butter
1 Ei
100 g Zucker
1 TL Backpulver
1 Pkg. Vanillezucker
etwas Salz

Belag:
750 g Magerquark
200 g Sahne
5 Eier, getrennt
200 g Zucker
1 Pkg. Vanillepuddingpulver
1 Pkg. Vanillezucker
etwas Salz

Zubereitung:

Für den Teig die Butter, den Zucker, den Vanillezucker und das Ei in einer Schüssel mit dem Handrührer verrühren. Das Mehl, das Backpulver und das Salz mischen, hinzufügen und zu einem glatten Teig verkneten.

Eine Springform mit Butter ausstreichen, den Teig hineinfüllen und einen Rand formen.

Für den Belag das Eigelb, den Zucker, den Vanillezucker und das Salz in einer Schüssel schaumig rühren. Das Vanillepuddingpulver, die Sahne und den Quark unterrühren. Das Eiweiß in einer Schüssel steif schlagen und unter die Mischung heben.

Den Kuchen im auf 175 °C vorgeheizten Ofen etwa 60 Minuten backen.

APFELWEINKUCHEN

Ein Kuchenklassiker seit der Erfindung des Puddingpulvers 1891. Nach Geschmack können auch in Calvados eingelegte Rosinen unter den Pudding gerührt werden.

Für 1 Kuchen:

Teig:
125 g Butter
125 g Zucker
250 g Mehl
1 Ei
½ Pkg. Backpulver

Belag:
1 kg Äpfel
2 Pkg. Vanillepudding
200 g Zucker
750 ml Apfelwein

Zubereitung:

Die Butter und den Zucker in einer Schüssel schaumig schlagen. Das Mehl mit dem Backpulver mischen und anschließend unter den Eischaum zu einem festen Teig rühren.

Eine Springform mit Backpapier auslegen, den Teig ausrollen und hineinlegen.

Die Äpfel schälen, das Kerngehäuse ausstechen und den Apfel in Spalten schneiden. Den Apfelwein in einem Topf mit dem Vanillepudding sowie dem Zucker fertig kochen.

Die Apfelstücke auf den Teigboden legen, den Vanillepudding darüber verteilen und im auf 175 °C vorgeheizten Ofen 90 Minuten backen.

Den Kuchen aus dem Ofen nehmen und über Nacht abkühlen lassen.

FRANKFURTER CHRISTSTOLLEN

Ein altes Rezept aus der Mainmetropole, das dem aus der Stadt an der Elbe in nichts nachsteht.

Für 1 Stollen:

750 g Mehl
125 g Zucker
125 ml Milch
1 Ei
2 Eigelb
250 g Butter, weich
65 g Schmalz
60 g Hefe
Salz

Rosinenmischung:
½ Zitrone, Saft und abgeriebene Schale davon
200 ml Rum
125 g Rosinen
125 g Korinthen
200 g Mandeln, gemahlen
100 g Mandeln, gehackt
100 g Orangeat, gehackt
100 g Zitronat, gehackt
Muskatnuss, gerieben
Muskatblüte, gemahlen
Kardamom, gemahlen

Zubereitung:

Die Zutaten für die Rosinenmischung in einer Schüssel vermengen, abdecken und über Nacht einweichen.

Die Hefe, ¼ des Mehls, 1 Esslöffel Zucker und etwas Milch in einer Schüssel mischen und abgedeckt an einem warmen Ort 30 Minuten aufgehen lassen. Die restlichen Teigzutaten hinzugeben und kneten, bis er Blasen schlägt und nicht mehr klebt. Abgedeckt an einem warmen Ort zu doppelter Größe aufgehen lassen. Den Teig erneut kneten und die Rosinenmischung unterarbeiten, abdecken, an einem warmen Ort gehen lassen, bevor man den Teig nochmals knetet und zu einem Stollen formt. Diesen sofort auf ein kaltes und mit Mehl bestreutes Backblech setzen und im auf 170 °C vorgeheizten Ofen etwa 60 Minuten backen.

Anschließend aus dem Ofen nehmen und den noch warmen Stollen mehrmals mit heißer Butter bestreichen und mit Puderzucker bestäuben.

FRANKFURTER HARTEKUCHEN

Dieses lebkuchenartige Zimtküchlein (auch „Haddekuche" genannt) ist ein Gebäck, das man früher in allen Apfelweinlokalen in und um Frankfurt vom „Brezelbub" kaufen konnte. Vereinzelt bekommt man es auch heute noch, um es zum Schoppen zu verspeisen. Das für das Apfelweinglas typische Rautenmuster findet sich oft auf dem Hartekuche wieder.

Für 1 Backblech:

500 g Mehl
125 g Butter
250 g Zucker
3/4 Pkg. Backpulver
1 Ei
75 ml Milch
1 TL Kakao
2 TL Zimt
½ TL Lebkuchengewürz
1 Msp. gemahlene Nelken
1 Prs. Salz

Zubereitung:

Alle Zutaten mischen und zu einem Knetteig verarbeiten.

Den Teig ausrollen, Rechtecke ausschneiden, die Oberfläche mit einem Rautenmuster verzieren und mit Eiweiß bestreichen.

Im auf 180 °C vorgeheizten Backofen 15 bis 20 Minuten backen.

FRANKFURTER KUCHEN

Ein Rezept aus dem „Frankfurter Kochbuch" (1877) von Wilhelmine Rührig.

Für 1 Backblech:

500 g Zucker
3 Eier + 1 Eigelb
1 Msp. Pottasche
500 g Mehl
etwas Zitronenschale, gerieben

Zubereitung:

Die Zutaten in einer Schüssel gut verrühren und den Teig fingerdick ausrollen.

Mit einem Rädchen oder Messer in Streifen schneiden, auf ein mit Mehl bestreutes Backblech legen und im auf 200 °C vorgeheizten Ofen schnell backen.

BORNHEIMER RATONKUCHEN

Ein Rezept aus dem „Frankfurter Kochbuch" (1877) von Wilhelmine Rührig. Ratonkuchen oder „Raddonkuchen" nannte man früher die Napfkuchen, die in einer runden Form (auch Gugelhupf-Form) gebacken wurden.

Für 1 Kuchen:

Teig:
500 g Mehl
4 Eier
etwas Rosenwasser
250 g Butter
½ Würfel Hefe
200 g Zucker
1 Prs. Salz

weiter:
125 ml Milch
1 Handvoll Mandeln, gehäutet
Butter für die Form
3 EL Zucker, zerstoßen

Zubereitung:

Die Zutaten für den Teig aus dem Kühlschrank nehmen und auf Zimmertemperatur erwärmen, dann den Teig in einer Schüssel anrühren. Die Milch hinzugießen und erneut verrühren.

Eine Kuchenform (Gugelhupf) mit etwas Butter ausstreichen, die Mandeln hineinstreuen, den Teig darübergeben und abgedeckt für 30 Minuten an einem warmen Ort gehen lassen.

Im auf 180 °C vorgeheizten Backofen 1 Stunde backen. Anschließend aus dem Ofen nehmen, etwas abkühlen lassen und auf einen Teller stürzen.

Mit dem zerstoßenen Zucker bestreuen und auskühlen lassen.

QUETSCHEKUCHE

Zwetschgen – eine Unterart aus der Familie der Pflaumen – werden in Frankfurt „Quetsche" genannt. Sie werden ab Juli geerntet, und dann beginnt die „Quetschekuche-Zeit".

Für 1 Springform:

Teig:
500 g Mehl
250 ml Milch
100 g Butter
40 g Hefe
2 Eier
½ Zitrone, abgeriebene Schale davon
½ TL Salz

Belag:
500–700 g Zwetschgen
80 g Zucker
etwas Zimt

Zubereitung:

Das Mehl in eine Schüssel geben, in der Mitte eine Vertiefung drücken, die Hefe hineinbröckeln und mit etwas lauwarmer Milch auflösen. 1 Esslöffel Mehl darüberstreuen und 15 Minuten zugedeckt an einem warmen Ort gehen lassen.

Die Butter schmelzen, den Zucker, die Eier, das Salz und die abgeriebene Zitronenschale hinzufügen. Diese Mischung zu dem Mehl geben und mit einem Holzlöffel rühren, bis sich der Teig vom Schüsselrand löst.

Den Teig weiter 15 Minuten an einem warmen Ort gehen lassen. Dann auf einem gefetteten Backblech verteilen.

Die Zwetschgen waschen, aufschneiden, entkernen und schräg nebeneinander auf dem Teig verteilen. Im auf 220 °C vorgeheizten Ofen 45 Minuten backen.

Kurz vor dem Servieren mit Zucker und evtl. Zimt bestreuen und dazu Schlagsahne reichen.

FRANKFURTER STICKSCHER

Ein süßes Gebäck, das man aus der Hand isst.

Für 6 Portionen:

120 g Honig
100 g Butter
250 g Mehl
1 EL Backpulver
1 Ei
etwas Zitronenschale, gerieben
etwas Zitronensaft

weiter:
1 EL Johannisbeergelee
½ TL Vanillezucker

Zubereitung:

Alle Zutaten in einer Schüssel zu einem Teig kneten. Den Teig auf einer bemehlten Arbeitsfläche ausrollen und daraus große, runde Teilchen (Stickscher) ausstechen.

Aus der Hälfte der Teigscheiben in der Mitte ein Loch ausstechen.

Die Teigscheiben auf ein mit Backpapier ausgelegtes Backblech legen und im auf 160 °C vorgeheizten Ofen hell backen.

Dann aus dem Ofen nehmen, die Teigplatten ohne Loch mit der Marmelade bestreichen, je 1 Ring daraufsetzen und mit dem Vanillezucker bestreuen.

KREPPEL

Die „Frankfurter Kreppel" sind vielleicht nicht in Frankfurt erfunden worden, doch sind sie mit der Fastnachtzeit in der Mainmetropole fest verbunden. Es gibt sie gefüllt oder ungefüllt. Sie werden auch zum traditionellen Kaffee nach dem Fastnachtsumzug durch die Altstadt gereicht. Dafür wird einer der Kreppel statt mit Marmelade mit Senf gefüllt.

Ein alter Fastnachtsbrauch, den schon Goethe beschrieb, ist das „Hawele lone"-Singen der Kinder. Am Fastnachtsdienstag gingen die Kinder von Haus zu Haus und sangen den folgenden Vers:

„Hawele, hawele lone,
die Fassenacht is one!
Drowe in dem Hinkelhaus,
Da hängt en Korb voll Eier raus.
Drowe in de Firste,
Da hänge die Bratwürschte ..."
Wenn sie daraufhin keine Kreppel bekamen,
riefen sie:
„Stockfisch, Stockfisch! Gebt uns alle Johr nix!"

Für 4 Portionen:

Teig:
300 g Mehl
½ TL Salz
4 EL Zucker
½ Zitrone, abgeriebene Schale davon
25 g Butter, weich
2 Eigelb
20 g Hefe
250 ml Milch
Öl zum Frittieren

Zubereitung:

Für den Teig Mehl, Salz, Zucker und Zitronenschale in einer Schüssel gut mischen.

Die Butter, das Eigelb sowie die mit der Milch angerührte Hefe untermischen und zu einem geschmeidigen Teig kneten.

Zugedeckt bei Zimmertemperatur etwa 2 Stunden auf das Doppelte aufgehen lassen.

weiter:
Erdbeerkonfitüre, für die Füllung
Puderzucker

Nach dieser Zeit aus dem Teig 12 gleichgroße Kugeln formen. Auf ein leicht bemehltes Tuch setzen, etwas flach drücken und nochmals 1 Stunde bei Zimmertemperatur gehen lassen.

Zum Frittieren einen Brattopf zur Hälfte bzw. eine Friteuse mit Frittieröl füllen und dieses auf 750 °C erhitzen. Je 2 bis 3 Kugeln ins Öl geben und zugedeckt etwa 3 Minuten frittieren. Dann die Kreppel wenden und weitere 3 Minuten ohne Deckel backen. Herausnehmen und auf Küchenkrepp abtropfen lassen. Mit den restlichen Teig-Kugeln ebenso verfahren.

Die Erdbeerkonfitüre in einen Spritzsack oder eine Kuchenspritze mit feiner, langer Tülle füllen, diese an der hellen Seitenlinie ins Innere der noch warmen Kreppel stoßen und diese mit etwa 2 Teelöffel Konfitüre füllen. Die Kreppel im Puderzucker wenden.

Noch lauwarm serviert, schmecken die Kreppel am besten.

HASELNUSS-SCHNITTEN

Ein Rezept des Frankfurters Heinrich Hoffman, des Erfinders des „Struwwelpeter".

Für 8 Portionen:

500 g Zucker
250 g Haselnüsse, mit der Haut gemahlen
250 g Mandeln, mit der Haut gemahlen
8 Eiweiß
1 Pkg. Vanillezucker

Zubereitung:

Das Eiweiß und den Zucker in einer Schüssel mit dem Handrührer 15 Minuten schlagen. Dann den Vanillezucker unterrühren. 100 ml von der Masse nehmen und beiseitestellen. Die Mandeln und die Haselnüsse unter den Eischnee ziehen.

Etwas Mehl auf eine Arbeitsfläche streuen, den Teig mit dem Nudelholz ausrollen, in Rauten schneiden und diese auf ein mit Backpapier ausgelegtes Backblech geben.

Die Rauten mit der zurückbehaltenen Zuckermasse bestreichen und im auf 200 °C vorgeheizten Ofen etwa 20 Minuten hellgelb backen.

WECKMÄNNER

Die Weckmänner werden beim Laternenumzug zu Sankt Martin am 11. November an die Kinder verteilt. Der Name Weckmann kommt von der Bezeichnung „Wecken", Brötchen aus einfachem Weizenmehlteig.

Für 10 Stück:

750 g Mehl
1 Prs. Salz
150 g Zucker
150 g Butter
350 ml Milch, lauwarm
3 Eier
2 Eigelb, verquirlt
½ Zitrone, abgeriebene Schale davon
1 Pkg. Vanillezucker
1 Würfel Hefe
20 Rosinen
10 Tonpfeifen (optional)

Zubereitung:

Das Mehl mit dem Zucker und dem Salz in einer Schüssel mischen. In die Mitte eine Vertiefung drücken.

Die Butter in einem Topf erhitzen und die lauwarme Milch, die Eier, die Zitronenschale und den Vanillezucker hinzugeben. Den Topf vom Herd nehmen, die Hefe hineinbröckeln und darin auflösen. In die Vertiefung im Mehl gießen und nach und nach mit dem Mehl verrühren, bis ein Teig entsteht. Zugedeckt an einem warmen Ort 30 Minuten gehen lassen.

Den Teig in 10 Kugeln teilen, diese zu einem Wulst rollen und auf etwa 1 cm flach drücken. Mit einem Messer die Beine und die Arme einschneiden und den Kopf formen. Je 2 Rosinen als Augen und eine Pfeife hineindrücken. Die Weckmänner mit verquirltem Eigelb bestreichen. Weitere 15 Minuten auf 2 mit Backpapier ausgelegten Backblechen gehen lassen und im auf 200 °C vorgeheizten Backofen etwa 12 Minuten goldbraun backen.

QUETSCHEMÄNNCHE

Heute sind die traditionellen „Pflaumenmännchen" eine Weihnachtsmarktspezialität und gelten als Glücksbringer. Früher war es in Frankfurt Brauch, dass junge Männer ihrer Angebeteten ein solches Männchen sandten. Behielten es die so Umworbenen, konnte sich der Verehrer ihrer Zuneigung sicher sein. Wenn nicht, sandten sie es zurück.

Für 1 Männchen:

1 Pkg. Dörrpflaumen
3 Rosinen
1 Walnuss
70 cm Draht
1 Holzscheibe, 7 cm Ø

Zubereitung:

Den Draht in 2 Stücke von 50 cm und 20 cm Länge schneiden. 2 Löcher mit 5 cm Abstand in das Holzbrettchen bohren, den langen Draht von unten durch beide Löcher stecken und darauf je 1 Dörrpflaume im hinteren Drittel flach aufstecken. Auf diese „Füße" jeweils 3 bis 4 Pflaumen hochkant als Beine aufstecken. Beide Drähte zusammenbiegen und miteinander verdrillen. Auf den Doppeldraht kommen etwa 5 getrocknete Pflaumen für den Körper. Das kurze Drahtstück so daran befestigen, dass rechts und links gleich viel Abstand besteht. Auf diese Drahtstücke je 4 Dörrpflaumen und am Ende 1 Rosine für die Hände anstecken.
Auf den mittleren Draht eine Rosine als „Hals" stecken. In das dickere Ende der Walnuss ein kleines Loch bohren und auf den Draht stecken. Ein Gesicht darauf malen und das Quetschemännche nach Geschmack auch noch mit Stoff- oder Papierkleidern versehen.

LAUGENBREZEL

Neben dem „Haddekuchen" eine weitere Spezialität vom Brezelbub.

Für 6 Portionen:

500 g Mehl
250 ml Wasser, warm
1 Pkg. Trockenhefe
½ TL Zucker
250 ml Natronlauge (4%ig, lebensmittelecht)
grobes Salz, zum Bestreuen
1 TL Salz

Zubereitung:

Die Hefe in einer Schüssel mit etwas warmen Wasser auflösen. Das Mehl in eine große Schüssel geben und das Salz und den Zucker untermischen. Die Wasser-Mehl-Mischung hinzufügen und so lange kneten, bis ein fester Teig entstanden ist.

Den Teig, ohne ihn gehen zu lassen, in 6 Stücke teilen, diese ausrollen und mit einer Schlinge zu Brezeln formen.

Die Natronlauge in eine Schüssel geben und die Brezeln hineintauchen. Anschließend die Brezeln auf ein gefettetes Backblech legen. Kein Backpapier verwenden!

Die Brezeln mit einem Messer seitlich am dicken Ring einschneiden und mit dem groben Meersalz bestreuen.

An einem warmen Ort 15 Minuten gehen lassen und im auf 200 °C vorgeheizten Ofen 20 bis 25 Minuten backen.

STUTZWECK

Ein Frankfurter Klassiker zu Silvester und Neujahr, den schon Frau Rat Goethe als Backwerk hoch schätzte.

Für 1 Stück:

500 g Mehl
etwa 450 ml Milch, lauwarm
25 g Hefe
100 g + 1 EL Zucker
1 Eigelb, zum Einpinseln

Zubereitung:

Etwa 200 ml lauwarme Milch in einer Schüssel mit der Hefe und 1 Esslöffel Zucker anrühren. Das Mehl in eine Schüssel geben, die Milch-Hefemischung, die restliche Milch und den Zucker hinzugeben und zu einem Teig verkneten.

Abgedeckt 20 Minuten an einem warmen Ort gehen lassen und den Teig erneut kneten. Eine Rolle formen, diese leicht ins sich verdrehen — gegeneinander wie Bonbonpapier — auf das Backblech legen, das mittlere Drittel der Oberfläche im Zickzack einschneiden und 10 Minuten ruhen lassen.

Im auf 200 °C vorgeheizten Ofen 15 bis 20 Minuten backen und kurz vor Ende der Backzeit mit Eigelb bepinseln.

FRANKFURTER KÜMMELWECK

Diese Kümmelbrötchen werden in der „Zeitschrift für Kochkunst" aus dem Jahr 1925 beschrieben.

Für 10–12 Stück:

500 g Mehl
50 g Hefe, frisch
250 ml Milch
½ TL Kardamom
1 TL Zucker
3 TL Kümmel, zerstoßen
Kümmel, zum Bestreuen
1 TL Salz

Zubereitung:

Das Mehl in eine große Schüssel geben, in die Mitte eine Vertiefung drücken und die Hefe hineinbröckeln. 100 ml Milch in eine Tasse geben, den Zucker darin auflösen, über die Hefe gießen und 15 Minuten gehen lassen. Dann die restlichen Zutaten unter den Teig kneten. Die Schüssel mit einem Küchentuch abdecken und den Teig an einem warmen Ort 35 Minuten gehen lassen. Anschließend den Teig erneut durchkneten.

Ein Backblech mit Backpapier auslegen, aus dem Teig kleine Brötchen formen, auf das Backblech setzen und nochmals 25 Minuten an einem warmen Ort gehen lassen.

Die Brötchen mit Wasser bestreichen, kreuzweise einschneiden und mit etwas Kümmel bestreuen.

Im auf 220 °C vorgeheizten Backofen etwa 20 Minuten backen.

GEBÄCK

BETHMÄNNCHEN

Ein Original aus Frankfurt und nicht nur zur Weihnachtszeit! Die köstlichen Marzipankügelchen mit den Mandeln wurden im Hause Bethmann, einer angesehenen Frankfurter Bankiersfamilie, kreiert. Die ursprünglich vier Mandelhälften auf dem Bethmännchen standen für die vier Söhne der Familie. Als ein Sohn starb, wurden sie nur noch mit drei Mandeln verziert. So ist das bis auf den heutigen Tag geblieben. Für den Namen dieses Gebäcks macht man Napoleon verantwortlich, der bei einem Aufenthalt im Hause Bethmann gesagt haben soll: „Geben Sie mir doch noch einmal die kleinen Bethmännchen her!"

Für 60 Stück:

500 g Marzipanrohmasse
130 g Puderzucker, gesiebt
130 g Mandeln, ohne Schale, gemahlen
20 g Mehl, gesiebt
2 Eiweiß
120 Mandeln, ohne Schale

vor dem Backen:
2 Eigelb, mit etwas Wasser verquirlt

nach dem Backen:
4 EL Zucker
4 EL Rosenwasser

Zubereitung:

Die Marzipanrohmasse, den Puderzucker, die gemahlenen Mandeln, das Mehl und das Eiweiß in einer Schüssel gut verrühren.

Aus dem Teig etwa 60 kleine Kugeln formen, welche etwa 1 ½ bis 2 cm Durchmesser haben sollten. Dabei die Hände stets ein wenig feucht halten, um zu vermeiden, dass der Teig an den Händen kleben bleibt.

An jede Kugel 3 Mandelhälften in gleichmäßigem Abstand drücken. Die Kugeln auf zwei Bleche mit Backpapier setzen und vor dem Backen mit dem verquirlten Eigelb bestreichen.

Im auf 150 °C vorgeheizten Backofen (keine höhere Temperatur) etwa

15 Minuten backen. Dann aus dem Ofen nehmen, denn die Bethmännchen dürfen gerade anfangen, hellbraun zu werden. Sonst schmecken sie bitter.

Das Rosenwasser und den Zucker in einem kleinen Topf aufkochen lassen und die noch heißen Bethmännchen damit bestreichen.

BETHMÄNNCHEN NACH ALTER ART

Auch Johann Wolfgang von Goethe wusste diese schon zu schätzen. An Weihnachten ließ er sich jedes Jahr von seiner Mutter Bethmännchen nach Weimar schicken.

Für 60 Stück:

250 g Mandeln, abgezogen
250 g Puderzucker
1 Eiweiß, schaumig geschlagen
1 EL Rosenwasser
1 Eigelb, zum Bestreichen
1 Eiweiß, zum Bestreichen
180 Mandelhälften

Zubereitung:

Die abgezogenen Mandeln durch eine Mandelmühle drehen, in einer Schüssel mit dem Puderzucker vermischen und nochmals durch die Mühle drehen. Die Masse mit dem Ei-Schaum, dem Mehl und dem Rosenwasser kneten, bis ein fester Teig entstanden ist.

Aus dem Teig eine Wurst von 2 ½ cm Durchmesser rollen, in 60 Stücke schneiden und diese zwischen den befeuchteten Handflächen zu gleichmäßigen Kugeln formen.

Auf ein mit Backpapier ausgelegtes Backblech legen. Auf der Oberseite mit flüssigem, leicht geschlagenem Eigelb bestreichen, jeweils 3 Mandelhälften andrücken und 12 Stunden ruhen lassen.

Im auf 250 °C vorgeheizten Backofen 5 Minuten „flämmen". Dann mit leicht geschlagenem Eiweiß einpinseln.

MARZIPAN-PLÄTZCHEN

Die Frankfurter machen aus Marzipan nicht nur Bethmännchen und Brenten, sondern auch köstliche Plätzchen.

Für 8 Portionen:

500 g Marzipanrohmasse
1 Eiweiß
120 g Puderzucker
20 g Mehl

Zubereitung:

Das Marzipan in einer Schüssel zerbröseln, den Puderzucker hineinstreuen, das Eiweiß hinzugeben und zu einem festen Teig kneten.

Den Teig 4 mm dick auf einer bemehlten Arbeitsfläche ausrollen und in Rechtecke schneiden. Die Plätzchen über Nacht im Kühlschrank ruhen lassen. Dann herausnehmen, die Oberfläche mit einem Messer verzieren.

Auf ein mit Backpapier ausgelegtes Backblech legen und im auf 160 °C vorgeheizten Ofen etwa 25 Minuten backen.

GEBÄCK

FRANKFURTER BRENTEN

Brenten werden mit Modeln geformt und gehörten schon zu Goethes Lieblingsspeisen. Eduard Mörike verfasste sogar ein Gedicht über die Zubereitung der Frankfurter Brenten, in dem es heißt: „…nun aber bringe das Gebrodel, in eine Schüssel (der Poet, weil ihm der Reim vor allem geht, will schlechterdings hier einen Model, indes der Koch auf ersterer besteht.)", und in dem er uns zum Schluss den Rat erteilt „Zuletzt — das wird der Sache frommen — den Bäcker scharf in Pflicht genommen, dass sie schön gelb vom Ofen kommen!"

Eine moderne Alternative zu diesem Rezept ist, 400 g Marzipan-Rohmasse mit 200 g Puderzucker verkneten und wie nachfolgend beschrieben zu verarbeiten.

Für 12 Portionen:

250 g Mandeln, fein gemahlen
4–5 EL Rosenwasser
250 g Puderzucker
1 Eiweiß
1 ½ EL Mehl
Zucker

Zubereitung:

Die Mandeln mit dem Rosenwasser und dem Puderzucker in einem Topf verrühren. Die Masse bei schwacher Hitze so lange rühren, bis sie sich trocken anfühlt. Vom Herd nehmen und über Nacht ruhen lassen.

Das Eiweiß steif schlagen, mit dem Mehl unter die Mandelmasse heben und kurz durchkneten. Den Teig auf dem Zucker 5 Millimeter dick ausrollen und die bemehlte Brenten-Formen daraufdrücken. Die überstehenden Teigränder abschneiden und die Brenten in Vierecke schneiden.

Das Backblech mit Backtrennpapier auslegen, die Brenten aufsetzen und 3 Stunden trocknen lassen, bevor man sie im auf 150 °C vorgeheizten Backofen 20 bis 25 Minuten backt.

FRANKFURTER PFEFFERNÜSSE

Eine Spezialität, die schon Goethes Tante Melber in ihrem Kochbuch nannte und die auch unter dem Namen „Offenbacher Pfeffernüsse" auf der anderen Mainseite angeboten wird.

Für 90 Stück:

500 g Mehl
500 g Puderzucker
4 Eier
1 EL Rum
50 g Zitronat, in kleine Stücke gehackt
50 g Orangeat, in kleine Stücke gehackt
1 Zitrone, abgeriebene Schale davon
1 Pkg. Backpulver
1 TL Muskatnuss, gerieben
1 EL Zimtpulver
1 TL Nelkenpulver
1 TL weißer Pfeffer, gemahlen
1 Msp. Piment, gemahlen
1 Msp. Kardamom, gemahlen
1 Msp. Ingwerpulver

Zubereitung:

Den Puderzucker sieben und mit den Eiern, dem Rum, dem Muskat und den anderen Gewürzen in einer Schüssel mit dem Handmixer verrühren.

Das Mehl mit dem Backpulver in einer Schüssel vermischen. Die Eiermischung hinzugeben und zu einem Teig kneten.

Etwa 90 kleine Kugeln aus dem Teig formen, auf ein mit Backpapier ausgelegtes Backblech setzen und im auf 180 °C vorgeheizten Ofen 10 Minuten backen.

FRANKFURTER DOMSPITZEN

Diese Pralinen sind nach dem Frankfurter Kaiserdom benannt.

Für 25 Stück:

150 g Vollmilchschokolade
150 g Zartbitterschokolade
200 g Sahne
100 g Kokosfett
200 g Nussnougat
Krokantstückchen

Zubereitung:

Die Schokolade in Stücke brechen und mit Sahne und Kokosfett unter Rühren erhitzen, bis eine glatte Creme entstanden ist.

Das Nussnougat in kleine Stücke schneiden und unter die heiße Creme rühren, bis es sich mit der Schokoladencreme verbunden hat.

Kühl stellen und während des Erkaltens ab und zu umrühren. Damm die Creme aufschlagen und jeweils eine kleine Portion in einen vorgekühlten Spritzbeutel füllen (bei großen Mengen wird die Creme schon durch die Handwärme flüssig).

Diese Creme in Metall- oder Papierrosetten spritzen und mit einigen Krokantstückchen garnieren.

Kühl aufbewahren.

FRANKFURTER MANDELKONFEKT

Ein Rezept aus dem Buch „Kochkunst und Tafelwesen" von 1908.

Für 25–30 Stück:

250 g Mandeln, gerieben
3 Eigelb
500 g Zucker
Schokolade

Zubereitung:

Die Mandeln mit dem Eigelb in einer Schüssel verrühren. Den Zucker untermischen und die Masse ausrollen.

Mit einem Ausstecher Figuren ausstechen, auf ein mit Backpapier ausgelegtes Backblech legen und über Nacht trocknen lassen.

Anschließend die Schokolade im Wasserbad erhitzen, das Mandelkonfekt hineintauchen, herausnehmen, mit Hagelzucker bestreuen und abkühlen lassen.

MANDELPLÄTZCHEN

Ein Rezept aus dem vergangenen Jahrhundert.

Für 1 Backblech:

200 g Schokolade, gerieben
200 g Mandeln, gerieben
3 Eiweiß

Zubereitung:

Das Eiweiß in einer Schüssel steif schlagen. Die Schokolade und die Mandeln untermischen.

Runde Teighäufchen auf ein mit Backpapier ausgelegtes Backblech setzen und im auf 150 °C vorgeheizten Ofen 15 bis 20 Minuten backen.

Anschließend aus dem Ofen nehmen und abkühlen lassen.

ZIMTSTERNE

Ein Mandel-Baisergebäck, das zur Weihnachtszeit besonders gern gegessen und verschenkt wird.

Für 60 Stück:

550 g Mandeln, fein gemahlen
4 Eiweiß
1 ½ EL Zitronensaft
500 g Puderzucker
30 g Zimt, gemahlen

Zubereitung:

Das Eiweiß in einer Schüssel mit dem Handrührer sehr steif schlagen. Den Puderzucker sieben, unter weiterem Rühren zum Eischnee geben und so lange weiter rühren, bis die Masse glänzt.

5 Esslöffel der Eischnee-Mischung abnehmen, in eine Schüssel geben und abgedeckt in den Kühlschrank stellen.

Den Zimt, den Zitronensaft und die Mandeln unter den restlichen Eischnee mengen, die Masse zu einer Kugel formen, mit Frischhaltefolie umwickeln und 1 Stunde im Kühlschrank ruhen lassen.

Dann den Teig 1 cm dick zwischen Backpapier ausrollen. Die Sterne ausstechen und auf ein mit Backpapier ausgelegtes Backblech setzen.

Mit dem aufbewahrten Eiweiß bestreichen und an einem kühlen Ort 15 Minuten stehen lassen.

Dann im auf 140 °C vorgeheizten Ofen etwa 20 Minuten backen.

SCHMANDPLÄTZCHEN

Die Schmandplätzchen schmecken in der Weihnachtszeit und zu einer Tasse Tee besonders gut.

Für 8 Portionen:

250 g Mehl
125 g Schmand
175 g Butter
Butter zum Bestreichen
½ TL Backpulver
Hagelzucker
1 EL Zucker
1 Prs. Salz

Zubereitung:

Die Butter in einer Schüssel mit dem Handrührer schaumig schlagen. Den Zucker unterrühren und anschließend den Schmand, das Mehl, das Backpulver und das Salz untermischen, bis ein glatter Teig entstanden ist.

Den Teig auf einer bemehlten Arbeitsfläche 4 mm dick ausrollen, runde Plätzchen ausstechen und diese auf ein mit Backpapier ausgelegtes Blech legen.

Etwas Butter in einer Kasserolle erhitzen, die Plätzchen damit bestreichen und den Hagelzucker daraufstreuen.

Im auf 200 °C vorgeheizten Ofen etwa 10 Minuten backen.

FRANKFURTER TEEBREZELN

Ein Gebäck zu Tee oder Kaffee.

Für 4 Portionen:

280 g Butter
70 g Zucker
6 Eier, leicht geschlagen
½ Vanillestange
4 EL Hefe
125 g Sahne
560 g Mehl
1 Prs. Salz

weiter:
2 EL Mandeln, gehackt
etwas Butter für das Blech
1 Ei, geschlagen
grober Zucker

Zubereitung:

150 g Mehl mit der Hefe und der Sahne zu einem Vorteig verrühren, warm stellen und aufgehen lassen.

Die Vanille und den Zucker im Mörser fein zerstoßen. Den Vanillezucker mit dem restlichen Mehl, den Eiern, dem Salz und der Butter zu einem Teig kneten.

Den Vorteig zugeben, mit Mehl bestäuben und an einem warmen Ort 3 bis 4 Stunden gehen lassen.

Anschließend kleine Brezeln formen, auf ein mit Butter bestrichenes Backblech legen und an einem warmen Ort nochmals gehen lassen.

Mit etwas Ei bestreichen, mit gehackten Mandeln und grobem Zucker bestreuen und im auf 180 °C vorgeheizten Backofen goldgelb backen.

GEBACKENE MANDELN ODER BUBENSCHENKEL

Ein Rezept aus „Das kleine Frankfurter Kochbuch" von 1789:

„Nimm 1 Pfund gestoßenen Zucker, vor 1 Kr. Rosenwasser, drey viertel Pfund frische Butter auf dem Feuer zergehen lassen, und hinein geschütt 10 Eyer, die gelbe Schaale einer Citrone, dieses alles wohl untereinander gerührt, und Mehl dazu gethan bis daß es sich welgern lässet, dann in Schmalzbutter gebacken."

Für 4 Portionen:

380 g Butter
1 EL Rosenwasser
500 g Zucker
10 Eier
1 Zitrone, abgeriebene Schale davon
500 g Mehl
Butterschmalz zum Backen

Zubereitung:

Die Butter in einer Pfanne erhitzen und den Zucker darin schmelzen. Die Eier, das Rosenwasser, die Zitronenschale und das Mehl in einer Schüssel mischen. Die Butter-Zucker-Mischung hinzugeben und zu einem Teig kneten.

Aus dem Teig daumengroße „Schenkel" formen und in heißem Butterschmalz ausbacken.

FRANKFURTER BOBBES

Das handtellergroße „Rundgebäck" hat vermutlich seinen Namen wegen der rundlichen Form, die an ein Gesäß (Po) erinnert, das in Frankfurt „Bobbes" heißt.

Für 1 Backblech:

150 g Puderzucker
2 Eigelb
250 g Butter, weich
1 Prs. Salz
400 g Mehl
4 cl Arrak
200 g Marzipanrohmasse
50 g Zitronat, fein gehackt
50 g Orangeat, fein gehackt
1 Eigelb
20 g Mandeln, abgezogen und halbiert

Zubereitung:

Das Eigelb und die Butter in einer Schüssel mit dem Handrührer schaumig schlagen. Das Salz und den Puderzucker unterrühren, das Mehl darüberstäuben und zu einem Teig kneten.

Den Teig mit Frischhaltefolie abdecken und im Kühlschrank 2 Stunden ruhen lassen.

Anschließend den Teig auf einer bemehlten Arbeitsfläche ½ cm dick etwa 25 x 40 cm groß ausrollen.

Das Marzipan in einer Schüssel mit dem Arrak verrühren, die Marzipancreme auf dem Teig gleichmäßig verstreichen und das Zitronat und das Orangeat daraufstreuen.

Den Teig der Länge nach aufrollen, in 2 cm dicke Scheiben schneiden, diese hochkant auf ein mit Backpapier ausgelegtes Backblech setzen und leicht andrücken.

Das Ei in einer kleinen Schüssel verquirlen, die Teigstücke damit bestreichen, eine Mandelhälfte obenauf setzen und im auf 180 °C vorgeheizten Ofen 20 Minuten backen.

EINGEMACHTES OBST UND GEMÜSE

APFELGELEE

Für 8 Gläser:

1 ½ L Apfelsaft, frisch gepresst
(oder entsaftet)
½ L Zitronensaft, frisch gepresst
2 kg Gelierzucker

Zubereitung:

Den Apfel- und Zitronensaft mit dem Gelierzucker in einem Topf 5 Minuten unter Rühren kochen lassen.

Anschließend in ausgekochte Marmeladengläser füllen, luftdicht verschließen und abkühlen lassen.

QUETSCHE-LATWERSCH

(Zwetschgenmus)

Für 12 Gläser:

3 kg Zwetschgen, entsteint
500 g Zucker
1 Stange Zimt

Zubereitung:

Die Zwetschgen und den Zucker in einem Topf weich kochen.

Durch ein Sieb in einen Topf passieren, die Zimtstange hinzugeben und unter ständigem Rühren 2 bis 3 Stunden zu einem dicklichen Mus einkochen.

In ausgekochte Marmeladengläser füllen und verschließen.

SAUERKRAUT SELBSTGEMACHT

Sauerkraut ist kalorienarm und reich an Milchsäure, Vitamin A, B, C, K sowie Mineralstoffen. Es wird gekocht als Beilage serviert, schmeckt aber ebenso roh als Salat.

Für 1 Steinguttopf:

8 kg Weißkohl, (Winterweißkohl), geputzt, ohne Strunk
100 g Salz
2 EL Zucker
3 EL Wacholderbeeren
2 Äpfel (optional)

Zubereitung:

Den Strunk aus dem Weißkohl herausschneiden. Einige der großen Blätter ablösen und beiseite legen. Den Kohl vierteln und mit einem Gemüsehobel in dünne Streifen hobeln.

Einen Steinguttopf mit 10 Litern Volumen heiß auswaschen und mit kaltem Wasser ausspülen.

Das Weißkraut in den Steintopf schichten und jede Lage so lange mit einem Holzstampfer stampfen, bis Saft austritt. Salz, Zucker und Wacholderbeeren zwischen die Schichten geben.

Den Steinguttopf zu 4 Fünfteln füllen, so dass die Flüssigkeit auf dem Kraut stehen kann.

Die beiseitegelegten Kohlblätter darauflegen und darüber ein sauberes, ausgekochtes Leinentuch geben.

Einen Teller auf das Tuch legen und mit einem schweren Stein beschweren, der ebenfalls in kochendem Wasser sterilisiert wurde.

Den Topf zunächst bei Zimmertemperatur (20 bis 22 °C) stehen lassen, dann das Sauerkraut 2 bis 3 Wochen im Keller bei 15 °C weiter reifen lassen.

Wenn sich während oder nach dieser Zeit ein weißlicher Belag gebildet hat, diesen entfernen, das Tuch, den Teller und den Stein erneut auskochen und wieder auflegen.

EINGEMACHTE GURKEN

Für 2 Kilo:

2 kg Gurken, klein
etwa 2 L Wasser, heiß
1 L Essig
1 EL Senfsaat (-körner)
2 Lorbeerblätter
10 Pfefferkörner
5 Pimentkörner
2 Bund Dill
250 g Zucker
50 g Salz

Zubereitung:

Die Gurken über Nacht in einen Eimer mit kaltem Wasser legen.

Anschließend mit etwas Dill in Einmachgläser schichten.

Das Wasser, den Essig, die Gewürze, den Zucker und das Salz in einer Schüssel aufkochen und dann so über die Gurken gießen, dass die Gewürze gleichmäßig auf die Gläser verteilt sind.

Die Einmachgläser verschließen, in eine Fettpfanne stellen, Wasser angießen und im auf 175 °C vorgeheizten Ofen 25 bis 30 Minuten erhitzen.

Dann die Hitze abschalten und die Gurkengläser im geschlossenen Ofen abkühlen lassen.

GETRÄNKE

HERRSCHAFTS-GESPRITZTER

Neben Bier trank man früher vor allem Wein von Frankfurter Weinbergen sowie aus dem nahen Rheingau. Es wäre wohl keinem vornehmen Bürger, Herrn und keiner hochgestellten Dame in den Sinn gekommen Apfelwein zu trinken. Allenfalls bei großer Hitze, gespritzt mit einem guten Champagner oder Sekt. Diese Getränkemischung wurde „Herrschaftsgespritzter" genannt. Er geriet im Laufe der Zeit fast in Vergessenheit, doch dann kam die Reblaus, die Frankfurter Weinberge verdörrten und der Bembel, das Stöffsche, das „Gerippte" (Glas) traten ihren Siegeszug in der Mainmetropole an. Spaßhaft „Big Apple" genannt, steht die Stadt heute stolz zu ihrem Nationalgetränk, dem Apfelwein.

Für 2 Gläser:

400 ml Apfelwein
100 ml Champagner

Zubereitung:

Den Apfelwein in Gläser gießen und mit Champagner auffüllen.

GESPRITZTER

Für 2 Gläser:

400 ml Apfelwein
100 ml Mineralwasser

Zubereitung:

Den Apfelwein in Gläser gießen
und mit Mineralwasser auffüllen.

TIEFGESPRITZTER

Für 2 Gläser:

250 ml Apfelwein
250 ml Mineralwasser

Zubereitung:

Den Apfelwein in Gläser gießen
und mit Mineralwasser auffüllen.

SÜSSGESPRITZTER

Wird von „Apfelwein-Einsteigern" und Touristen bestellt.

Für 2 Gläser:

400 ml Apfelwein
100 ml Zitronenlimonade

Zubereitung:

Den Apfelwein in Gläser gießen und
mit Zitronenlimonade auffüllen.

HEISSER APFELWEIN

Für 4 Gläser:

1 L Apfelwein
125 ml Wasser
½ Stange Zimt
3 Gewürznelken
2 Zitronenscheiben
60 g Zucker

Zubereitung:

Das Wasser in einen Topf gießen und den Zucker mit den Gewürzen darin aufkochen und 30 Minuten ziehen lassen.

Dann durch ein Sieb in einen Topf schütten, den Apfelwein hinzugeben und sanft bis kurz vor dem Siedepunkt erhitzen.

HEISSER FRANZOS'

Für 1 Glas:

70 ml Apfelsaft
30 ml Calvados

Zubereitung:

Den Calvados und den Apfelsaft in einem kleinen Topf erhitzen und in einem Punschglas servieren.

APFELWEINBOWLE MIT ERDBEEREN

Für 10 Gläser:

1 ½ L Apfelwein
750 ml Sekt, trocken
500 g Erdbeeren
100 g Zucker

Zubereitung:

Den Sekt und den Apfelwein kühlen. Die Erdbeeren vierteln und in ein Bowlegefäß geben.

Den Zucker darüberstreuen, so viel Apfelwein angießen, bis die Erdebeeren bedeckt sind, und 2 Stunden ziehen lassen.

Zum Servieren restlichen Apfelwein und den Sekt angießen und die Bowle in Gläsern servieren.

SACHSENHÄUSER APFELBOWLE

Für 10 Gläser:

6 Äpfel, säuerlich
2 Zitronen, Saft davon
1 Flasche Apfelwein, gekühlt
2 Flaschen Mineralwasser, gekühlt
1 Flasche Apfelsaft, gekühlt
8 cl Calvados
Zucker

Zubereitung:

Die Äpfel schälen, vierteln und das Kerngehäuse herausschneiden. Die Apfelschnitze in dünne Scheiben schneiden, in eine Schüssel geben, den Zitronensaft und den Calvados darübergießen und vorsichtig mischen.

Etwas Apfelsaft angießen und abgedeckt über Nacht im Kühlschrank ziehen lassen.

Dann in eine Bowlegefäß umfüllen, den restlichen Apfelsaft und das Mineralwasser hinzugeben.

MAIBOWLE

Eine Spezialität zum 1. Mai. Die Stellen, an denen die die Familienväter das Maikraut in den Wäldern Frankfurts pflücken, sind ein Geheimnis, das vom Vater an den Sohn weitergegeben wird.

Für 1 Bowle:

3 L Apfelwein
1 Flasche Sekt
100 ml Weinbrand
2 Bund Waldmeister
50 g Zucker
1 Pkg. Vanillezucker
(nach Geschmack)

Zubereitung:

Den Waldmeister — auch Maikraut genannt — vor dem Blühen pflücken, waschen, abtropfen lassen und mit Küchengarn oder Kordel bündeln.

1 Liter Apfelwein, den Zucker, den Vanillezucker und den Weinbrand in eine hohe Schüssel geben.

Die Waldmeisterbündel hineinhängen, so dass die Blätter im Wein hängen, die Stielenden jedoch nicht, da sonst die Bowle bitter wird.

Mit Frischhaltefolie abdecken und 2 Stunden, besser über Nacht, im Kühlschrank ziehen lassen.

Zum Servieren die Waldmeisterbündel entfernen, den gut gekühlten Apfelwein und zuletzt den gekühlten Sekt hinzugießen und servieren.

Wer ein traditionelles Bowlegefäß aus Steingut verwendet, sollte dies zuvor im Kühlschrank durchkühlen lassen.

OFFENBACHER PUNSCH

Ein altes Rezept aus dem „Praktischen Frankfurter Kochbuch" von 1877.

Für 1 Punsch:

625 g Zucker
375 ml Wasser
2 Flaschen Weißwein, trocken
 (à 750 ml)
1 Flasche Rotwein (750 ml)
½ Flasche Arrak

Zubereitung:

Den Zucker in ein Punsch- oder Bowlegefäß geben und mit dem Wasser verrühren.

Wenn der Zucker sich aufgelöst hat, den Wein und den Arrak hinzugießen und den Punsch kalt servieren.

MAINTOWER-CHAMPAGNER-COCKTAIL

„Big Apple" im Frankfurter Cocktail, und die Dekoration entspricht der Form des Maintowers.

Für 1 Cocktail:

1 Stück Würfelzucker
2 Spritzer Angostura
Champagner
1 cl Calvados
1 Apfel
Zitronensaft

Zubereitung:

Den Würfelzucker mit dem Angostura tränken und in ein Champagnerglas legen, den Calvados hinzugießen und mit kaltem Champagner auffüllen.

Einen Apfel mit einem Apfel-Ausstecher neben dem Kerngehäuse von oben nach unten durchstechen. Diesen runden Stängel mit etwas Zitronensaft einreiben, damit der „Apfel-Tower" nicht braun wird.

Die untere Schale der Apfelstange abschneiden, oben die Schale belassen und den Apfelstiel hineinstecken.

Mit der Schale nach oben in das Glas geben und mit einem Trinkhalm servieren.

MAINHATTAN

Für 1 Cocktail:

2 cl roter Portwein, trocken
4 cl Bourbon-Whisky
1 Spritzer Angostura

Zubereitung:

Die Zutaten mit Eis in einen Shaker geben und kräftig schütteln.

Zum Servieren in ein Cocktailglas gießen.

GRÜNE EINTRACHT

In Frankreich sagt man „Wer dem Absinth zu sehr zuspricht, den besucht die grüne Fee". In Frankfurt kommt bei übermäßigem Genuss dieses köstlichen Cocktails die „Diva vom Main".

Für 1 Cocktail:

5 cl Gin
3 cl Zitronensaft, frisch gepresst
2 cl Zuckersirup (Läuterzucker)
2 EL Grüne-Soße-Kräuter, grob gehackt

Zubereitung:

Die Kräuter mit dem Stößel zerdrücken und einige Minuten durchziehen lassen.

Die Kräuter mit den restlichen Zutaten und Eiswürfeln in einen Shaker geben und kräftig schütteln.

Zum Servieren durch ein Sieb in eine Cocktailschale gießen.

FRANKFURT SOUR

Für 1 Cocktail:

5 cl Amaretto
5 cl Apfelsaft
2 cl Zitronensaft
1 Apfelspalte

Zubereitung:

Die Zutaten mit Eiswürfeln in einen Shaker geben und kräftig schütteln.

Zum Servieren in eine Cocktailschale gießen und mit der Apfelspalte dekorieren.

FLYING CRANE

Die Lufthansa ist die größte deutsche Fluglinie mit Heimatflughafen Frankfurt. Der Kranich ist das Markenzeichen der Lufthansa. Otto Firle entwarf es bereits im Jahre 1918.

Für 1 Cocktail:

4 cl Calvados
2 cl Blue Curaçao
2 cl Zitronensaft, frisch gepresst
Sekt

Zubereitung:

Alle Zutaten bis auf den Sekt mit Eis in einen Shaker geben und kräftig schütteln.

Anschließend in ein Glas gießen und mit Sekt (möglichst Lufthansa-Sekt = Mumm) auffüllen.

ANHANG

BASISREZEPTE

HÜHNERBRÜHE

Für 2 Liter:

1 kg Hühnerknochen
400 g Hühnchenteile, Flügel oder Keulen
2 L Wasser
3 Scheiben Ingwer, frisch, diagonal geschnitten (5 x 1 cm groß)
4–5 Frühlingszwiebeln
4 Knoblauchzehen, mit Schale
1 TL Salz
1 TL schwarze Pfefferkörner

Zubereitung:

Die Hühnerknochen und die Hühnerteile in einem großen Topf mit kaltem Wasser bedecken und ohne Deckel zum Kochen bringen. Die Hitze reduzieren und sanft köcheln lassen.

Nach 30 Minuten den an die Oberfläche aufsteigenden Schaum mit einem Schaumlöffel abschöpfen.

Den Ingwer, die Frühlingszwiebeln, die Knoblauchzehen, das Salz und die Pfefferkörner hinzufügen.

Die Brühe weitere 3 bis 4 Stunden köcheln lassen und währenddessen mehrmals das Fett abschöpfen.

Dann die Brühe durch ein feines Sieb gießen und vollständig abkühlen lassen.

Anschließend das Fett von der Oberfläche entfernen.

FLEISCHBRÜHE

Für 8 Portionen:

1 kg Beinfleisch vom Rind
2 kg Rinderknochen
etwa 5 L Wasser
2 Zwiebeln, halbiert
2 Karotten, in Stücke geschnitten
2 Stangen Lauch
½ Sellerieknolle
5 Petersilienstängel
3 Stängel Selleriegrün
1 Lorbeerblatt
2 Knoblauchzehen, mit einem Messer zerdrückt

Zubereitung:

Das Fleisch und die Knochen waschen, in einen großen Topf legen und so viel Wasser hinzugießen, dass das Fleisch und die Knochen gut bedeckt sind.

Das Wasser langsam erhitzen und 1 Stunde bei schwacher Hitze simmern lassen.

Mit einem Schuss kaltem Wasser abschrecken und den sich bildenden Schaum mit einer Schaumkelle abschöpfen.

Die Kräuter mit Küchengarn zusammenbinden und mit dem Gemüse dazugeben. 4 Stunden bei schwacher Hitze ziehen lassen, ohne dass die Brühe erneut kocht, da sie sonst trüb wird.

Anschließend durch ein Sieb gießen und nach dem Abkühlen für mehrere Stunden in den Kühlschrank stellen.

Wenn die Brühe ausgekühlt ist, die Fettschicht entfernen und portionsweise einfrieren.

GEMÜSEBRÜHE

Für 3 Liter:

½ Sellerieknolle mit Selleriegrün
2 Lauchstangen
250 g Karotten
½ Blumenkohl
300 g Weißkohl
1 Kohlrabi
125 g grüne Bohnen
125 g Erbsen, in der Schote
1 Zwiebel
1 Petersilienwurzel
3 EL Butter
3 L Wasser
1 TL Salz

Zubereitung:

Das Gemüse putzen und waschen. Die Zwiebel und den Sellerie grob würfeln. Den Lauch und den Weißkohl halbieren.

Die Butter in einem Topf bei schwacher Hitze zerlassen und alles Gemüse darin kurz andämpfen, jedoch nicht bräunen.

Das Gemüse mit dem kalten Wasser übergießen, so dass es gut bedeckt ist. Etwas Salz hinzugeben, das Wasser zum Kochen bringen und das Gemüse etwa 30 Minuten kochen.

Während der Kochzeit nicht umrühren, da die Brühe sonst eintrübt.

Anschließend die Brühe durch ein Sieb in einen anderen Topf gießen und bei schwacher Hitze noch etwas einkochen lassen.

SOLBERFLEISCH SELBST GEPÖKELT

Für 4 Portionen:

1 kg Schweinefleisch (Schulter)
2 Zwiebeln, fein gehackt
10 Wacholderbeeren, zerstoßen
1 L Wasser
2 EL Salz

Zubereitung:

Das Fleisch mit der Zwiebel und dem Wacholder einreiben.

Das Wasser in einem Topf mit dem Salz zum Kochen bringen, vom Herd nehmen und das Fleisch, die Zwiebel und die Wacholderbeeren hineingeben.

Einen Teller darauflegen, um das Fleisch nach unten zu drücken, und 3 Wochen ziehen lassen.

Während dieser Zeit das Fleisch öfter wenden.

Nach dieser Zeit das Solberfleisch aus der Lake nehmen und waschen.

Weitere Zubereitung siehe Rezept.

MAYONNAISE

Für ¼ Liter:

1 Eigelb
½ Zitrone, Saft davon
200 ml Pflanzenöl
1 TL Senf
1 Prs. Zucker
1 Prs. Pfeffer
1–2 Prs. Salz

Zubereitung:

Die Zutaten aus dem Kühlschrank nehmen und auf Zimmertemperatur erwärmen lassen.

Das Eigelb mit dem Senf und dem Zitronensaft in einer Schüssel mit dem Schneebesen cremig rühren und mit Pfeffer, Salz und Zucker würzen.

Das Öl zunächst tropfenweise, dann im feinen Strahl in die Creme geben und dabei kräftig rühren.

Bis zum Servieren im Kühlschrank aufbewahren.

SALATSOSSE AUF ALTE ART

Für 4 Portionen:

2 Kartoffeln
1 Zwiebel
250 ml Fleischbrühe
3 EL Essig
4 EL Sonnenblumenöl
1 EL Petersilie, gehackt
Pfeffer aus der Mühle
Salz

Zubereitung:

Die Kartoffeln schälen, waschen und in der Fleischbrühe kochen. Dann herausnehmen und durch ein Sieb streichen und die Brühe aufheben.

Die Zwiebel schälen, fein würfeln und unter das Kartoffelmus mischen. Den Essig und das Öl darunterrühren und mit Salz, Pfeffer abschmecken.

Etwas Fleischbrühe angießen, sollte das Dressing zu dickflüssig sein. Die Petersilie zugeben und verrühren.

WEISSE SALATSOSSE

Für 4 Portionen:

1 ½ TL Senf
2 EL Essig
3–4 EL Öl
3 EL Sahne
1 TL Dill, fein gehackt
etwas Zucker

Zubereitung:

Die Zutaten in einer Schüssel mit dem Schneebesen zu einer sämigen Sauce verrühren.

KARTOFFELPÜREE

Für 4 Portionen:

500 g Kartoffeln
25 g Butter
½ Becher Sahne
1 Prs. Muskatnuss, gemahlen
Salz

Zubereitung:

Die Kartoffeln unter fließendem Wasser abbürsten und in einem großen Topf mit reichlich Salzwasser etwa 25 Minuten weich kochen.

Dann abgießen, noch heiß pellen und in einer Schüssel mit dem Kartoffelstampfer oder einer Kartoffelpresse zerdrücken.

Das Püree in einen Topf geben, die Butter, den Muskat und die Sahne unterrühren. Kurz erwärmen und salzen.

Wenn das Kartoffelpüree steif sein soll, etwas weniger Sahne und Butter verwenden.

BUTTERBRÖSEL

Sie sind sehr beliebt über Klößen, Salat oder Nudeln.

Für 4 Portionen:

4 EL Semmelbrösel oder
  geriebenes Schwarzbrot
2 EL Butter

Zubereitung:

Die Butter in einer Pfanne erhitzen und die Semmelbrösel darin unter Rühren goldbraun anbraten.

Die Brösel mit der Butter über das Gericht geben.

GERÖSTETE BROTWÜRFEL

Croûtons werden über Suppen, Salat oder Klöße gestreut serviert. Nach Geschmack kann man noch eine Knoblauchzehe zerdrücken und mitrösten.

Für 4 Portionen:

2 Toastbrotscheiben
1 EL Butter

Zubereitung:

Die Toastbrotscheiben in kleine Würfel schneiden.

Die Butter in einer Pfanne erhitzen, die Brotwürfel darin rösten und über die Speise geben.

REGISTER DER REZEPTE

VORSPEISEN UND SNACKS 25

EINGELEGTER HANDKÄSE	46
FRANKFURTER LACHSSCHINKENPASTETE MIT TEIGKRUSTE UND MADEIRA-GELEE	34
FRANKFURTER OCHSENBROT MIT GRÜNER SOSSE	26
FRANKFURTER PASTETCHEN	32
FRANKFURTER RINDSWURST	37
FRANKFURTER SALAT	28
FRANKFURTER SANDWICH	39
FRANKFURTER SCHWARTEMAGEN	31
FRANKFURTER WÖRSCHTSCHE	36
FRANKFURTER WURSTSALAT	27
GRIEBENSCHMALZ	53
HAASS FLASCHWORSCHT	38
HANDKÄS' MIT MUSIK	45
HANDKÄSE-CARPACCIO	48
IN APFELWEIN EINGELEGTER HANDKÄSE	47
RAPUNZELSALAT	30
RILETTES NACH ART DER METZGER AUS DER ALTEN MARKTHALLE	40
RISSOLEN	43
SACHSENHÄUSER SCHNEEGESTÖBER	44
SALAT MIT GRÜNE-SOSSE-DRESSING	29
SECKBACHER HANDKÄSEBROT	50
SPECKPFANNKUCHEN	52
TARTAR	42
WESTEND-RÜHREIER	51
WÜRZIGES HANDKÄSE-TATAR	49

EINTÖPFE UND SUPPEN 55

APFELWEINSUPPE	68
BOCKENHEIMER HAMMELRAGOUT	66
FRANKFURTER JOHANNISLAUCH	70
FRANKFURTER KARTOFFELSUPP	61
FRANKFURTER SUPPE	56
FRANZOSESUPP'	57
GRÜNE SUPPE	64
HANDKÄSESUPPE	63
KERBELSUPPE	58
LINSENEINTOPF MIT FORELLE	72

LINSENSUPPE	60
MAUSOHRENSUPPE	71
METZELSUPP'	67
SACHSENHÄUSER FISCHSUPPE	73
SÄMIGE KARTOFFELSUPPE	62
SAUERKRAUTSUPPE	69
SCHÖPSENEINTOPF	65
SUPPENGEMÜSE	59

GERICHTE MIT FLEISCH 75

BLUT- UND LEWWERWORSCHT MIT KRAUT	110
EBBELSCHESBRATEN	94
FRANKFURTER GEKOCHTE OCHSENBRUST MIT GRÜNER SOSSE	79
FRANKFURTER KLÖSSE AUF DEFTIGE ART	92
FRANKFURTER MOTTEN MIT KLÖSSEN	103
FRANKFURTER PFANNE	77
FRANKFURTER SCHNITZEL	108
FRANKFURTER SCHÖPSENBRATEN	88
FRANKFURTER SURF AND TURF	84
FRIKADELLEN NACH ART VON GOETHES GROSSMUTTER	83
GÄNSEBRATEN NACH FRIEDRICH STOLTZE	115
GARTEVÖÖCHEL	106
GEBRATENE BLUTWURST	111
GEFÜLLTE GANS	116
GEGRILLTER STICH	98
GEGRILLTES LEITERCHEN	102
GEKOCHTE HASPEL	86
GESTOVTES KALBFLEISCH	104
KALBSNIERENBRATEN	105
KLEINSOLBER	96
LEBERKLÖSSE MIT SAUERKRAUT	112
LEITERCHEN	101
MUTTER HOFFMANNS ROULADEN	80
RINDERGULASCH NACH ART DER SACHSENHÄSER BRAUMEISTER	90
RINDERSOLBER MIT GRÜNER SAUCE	97
RIPPCHEN MIT KRAUT	76
SACHSENHÄUSER DIPPEHAS'	82
SACHSENHÄUSER SCHLACHTPLATTE	100
SAURE NIEREN	113
SCHÄUFELCHEN	87

SCHINKENSOLBER MIT SAUERKRAUT	95
SCHWEINEPFEFFER	109
TAFELSPITZ MIT GRÜNER SOSSE	78
WELLFLEISCH	99
WELSCHER HAHN	114

GERICHTE MIT FISCH 119

AUSTERN MIT SAUERKRAUT	134
EINGELEGTE HERINGE	132
FISCHKLÖSSCHEN	127
FORELLE "SCHÖNE MÜLLERIN"	120
FORELLE IN APFELBUTTER	121
FORELLE MIT RIESLING	123
KARPFEN IN GRÜNER SOSSE	128
MAIFISCH IN GRÜNER SAUCE	125
MAINFISCHER-TOPF	124
MEEFISCHLI	126
NIDDA-FORELLE BLAU	122
SCHMANDHERING	133
WACHTELEIER MIT KREBSSCHWÄNZEN IN GRÜNER SOSSE	135
ZANDERFILET FRANKFURTER ART	129
ZANDER NACH ART VON GOETHES TANTE MELBER	130

GEMÜSEGERICHTE, PASTA UND BEILAGEN 137

APFELSAUERKRAUT	155
ARTISCHOCKEN MIT BUTTER	158
BRATKARTOFFELN	151
FEINES SAUERKRAUT	154
FRANKFURTER APFEL-KARTOFFELPÜREE	149
FRANKFURTER KAPUZINER	146
FRANKFURTER KARTOFFELGEMÜSE	141
FRANKFURTER KARTOFFELKLÖSSE	145
FRANKFURTER KARTOFFELSALAT	139
FRANKFURTER WEISSKRAUT	156
FUSSLAPPEGEMIES MIT FLÖH	157
GEKOCHTE ARTISCHOCKEN MIT PETERSILIE	159
GRÜNE SOSSE MIT EI UND KARTOFFELN	142
KARTOFFELPÜREE	148

PELLKARTOFFELN MIT DICKMILCH	144
PELLKARTOFFELN MIT GRÜNER SOSSE	143
REIBEKUCHEN MIT APFELMUS	152
SACHSENHÄUSER BÄCKERKARTOFFELN	138
SPAGHETTI MIT FRANKFURTER PESTO	153
SPISPI	150
WARMER KARTOFFELSALAT MIT KRÄUTERN	140

SOSSEN 161

APFELKOMPOTT	170
APFELMUS	169
APFELWEINSOSSE	166
BISCHOFSOSSE	167
EIERSOSSE	164
FRANKFURTER KIRSCHSOSSE	168
GRÜNE SOSSE	162
SENFSOSSE	165
ZWIEBELSOSSE	163

DESSERTS UND SÜSSE SPEISEN 173

APFELPFANNKUCHEN	180
APFELWEIN-SAHNECREME	185
APFELWEINEIS	193
APFELWEINEIS	194
ÄPPELRÄNZSCHER	190
BRATAPFEL	186
FEINE EIERKUCHEN	183
FRANKFURTER APFELAUFLAUF	188
FRANKFURTER APFELWEINCREME	184
FRANKFURTER GÖTTERSPEISE	187
FRANKFURTER NACHTKAPP'	178
FRANKFURTER PFANNKUCHENTORTE	181
FRANKFURTER PUDDING MIT ÄPFELN	176
FRANKFURTER PUDDING MIT BISCHOFSOSSE	174
KARTÄUSERKLÖSSE MIT BISCHOF- ODER APFELWEINSOSSE	192
KIRSCHENMICHEL	177
PFANNKUCHEN MIT SCHNITTLAUCH	182
RAUSCHERSORBET	195

BACKWAREN 197

APFELWEINKUCHE	205
BORNHEIMER RATONKUCHEN	209
FRANKFURTER BIENENSTICH	202
FRANKFURTER CHRISTSTOLLEN	206
FRANKFURTER HARTEKUCHEN	207
FRANKFURTER KRANZ	198
FRANKFURTER KUCHEN	208
FRANKFURTER KÜMMELWECK	219
FRANKFURTER STICKSCHER	211
HASELNUSSSCHNITTEN	214
KREPPEL	212
LAUGENBREZEL	217
QUARKTORTE NACH ALT FRANKFURTER ART	200
QUETSCHEKUCHE	210
QUETSCHEMÄNNCHE	216
SAFTIGER KÄSEKUCHEN	204
STUTZWECK	218
WECKMÄNNER	215

GEBÄCK 221

BETHMÄNNCHEN	222
BETHMÄNNCHEN NACH ALTER ART	224
FRANKFURTER BOBBES	236
FRANKFURTER BRENTEN	226
FRANKFURTER DOMSPITZEN	229
FRANKFURTER MANDELKONFEKT	230
FRANKFURTER PFEFFERNÜSSE	228
FRANKFURTER TEEBREZELN	234
GEBACKENE MANDELN ODER BUBENSCHENKEL	235
MANDELPLÄTZCHEN	231
MARZIPANPLÄTZCHEN	225
SCHMANDPLÄTZCHEN	233
ZIMTSTERNE	232

EINGEMACHTES OBST UND GEMÜSE 239
APFELGELEE 240
EINGEMACHTE GURKEN 244
QUETSCHELATWERSCH 241
SAUERKRAUT SELBSTGEMACHT 242

GETRÄNKE 247
APFELWEINBOWLE MIT ERDBEEREN 251
FLYING CRANE 257
FRANKFURT SOUR 257
GESPRITZTER 249
GRÜNE EINTRACHT 256
HEISSER APFELWEIN 250
HEISSER FRANZOS' 250
HERRSCHAFTSGESPRITZTER 248
MAIBOWLE 253
MAINHATTAN 256
MAINTOWER-CHAMPAGNER-COCKTAIL 255
OFFENBACHER PUNSCH 254
SACHSENHÄUSER APFELBOWLE 252
SÜSSGESPRITZTER 249
TIEFGESPRITZTER 249

BASISREZEPTE 260
BUTTERBRÖSEL 267
HÜHNERBRÜHE 260
FLEISCHBRÜHE 261
GEMÜSEBRÜHE 262
GERÖSTETE BROTWÜRFEL 267
KARTOFFELPÜREE 266
MAYONNAISE 264
SALATSOSSE AUF ALTE ART 265
SOLBERFLEISCH SELBST GEPÖKELT 263
WEISSE SALATSOSSE 265

DER AUTOR

Zeichnung: F.W. Bernstein

Evert Kornmayer

1965 in Bensheim an der Bergstraße geboren, ist Koch- und Sachbuchautor, begeisterter Hobbykoch und Genießer. Heute lebt er bei Frankfurt am Main.

Bereits in seiner Schulzeit (Wirtschaftsabitur 1984) schrieb er für eine lokale Zeitung, und schon im Studium (Verwaltungsrecht in Mannheim) verfasste er sein erstes Buch. 2001 Abschluss zum Lernsystem-Analytiker. Dieses Engagement in den Bereichen: Learning Management Systeme, Wissens- und Innovations-Management, Corporate Knowledge Management, Wissens-Management-Systeme sowie Weiterbildungsgestütztes Wissenensmanagement floss in die Sachbücher ein.

Bei zahlreichen Reisen im In- und Ausland hat er umfangreiche Kenntnisse über Länder und Küchen gesammelt. Diese Erfahrungen und Sammlungen sind der Grundstein für das kulinarische Werk.

Er ist Unterzeichner des „Oppenheimer Appell" (2007) und Mitbegründer der „Bellheim-Gesellschaft e.V. Initiative Wirtschaftsethik".

Preise & Auszeichnugen der Autors:

Gourmand World Cookbook Awards 2008:
„Best Culinary Travel Guide"
DIE PILGERKÜCHE AUF DEM JAKOBSWEG

Gourmand World Cookbook Awards 2005:
„Best french cuisine book"
KLASSISCHE & MODERNE REZEPTE AUS DER BRETAGNE

Gourmand World Cookbook Awards 2005:
„Special Award of the Jury"
„best book trade magazines for cookbooks"
KULINARISCHER REPORT DES DEUTSCHEN BUCHHANDELS 2005-2006

Gourmand World Cookbook Awards
„Best Cookbook Author in the World" (2005)

„Einsatzeichen für Humanitäre Hilfe im Ausland"
Technisches Hilfswerk (THW) 1992

kulinarische Werke:

DAS NEUE FRANKFURTER KOCHBUCH
ISBN 978-3-938173-13-8 (4. Aufl. 02/2010)

DIE PILGERKÜCHE AUF DEM JAKOBSWEG
ISBN 978-3-938173-54-1

ELEPHANT HILL
ISBN 978-3-938173-58-9

FESTLICHE MENÜS FÜR 50 HOCHZEITSTAGE
ISBN 978-3-938173-16-9

FRANKFORT - LE LIVRE DE CUISINE
ISBN 978-3-938173-79-4 (französisch)

FRANKFURTER KÜCHENBIBEL
ISBN 978-3-938173-99-2

KELTISCHES KOCHBUCH
ISBN 978-3-938173-33-6 (2. Aufl. 08/2009)

KLASSISCHE & MODERNE REZEPTE AUS DER BRETAGNE
ISBN 978-3-938173-00-8 (2. Aufl. 2/2006)

KLASSISCHE & MODERNE REZEPTE AUS HOLLAND
ISBN 978-3-938173-01-5 (10/2007)

KLASSISCHE & MODERNE REZEPTE AUS KENIA
ISBN 978-3-938173-05-3 (2. Aufl. 4/2007)

KLASSISCHE & MODERNE REZEPTE AUS MALTA
ISBN 978-3-9808785-5-5

KLASSISCHE & MODERNE REZEPTE AUS NAMIBIA
ISBN 978-3-9808785-4-8 (3. Aufl. 4/2006)

KLASSISCHE & MODERNE REZEPTE AUS NEUSEELAND / ISBN 978-3-9808785-2-4 (3. Aufl. 5/2005)

KLASSISCHE & MODERNE REZEPTE AUS SCHWEDEN
ISBN 978-3-938173-71-8

KLASSISCHE & MODERNE REZEPTE AUS SÜDAFRIKA
ISBN 978-3-9808785-0-0 (4. Aufl. 12/2004)

SAARLÄNDISCHE KÜCHENBIBEL
ISBN 978-3-938173-72-5

SÜDAFRIKAS KULINARISCHE GEHEIMNISSE
ISBN 978-3-9808785-3-1 (4. Aufl. 01/2010)

THE FRANKFURT COOKBOOK
ISBN 978-3-938173-78-7 (englisch)

WAS FRANKFURT ISST
ISBN 978-3-938173-14-5 (3. Aufl. 10/2009)

weitere Werke:

BARBAROSSAS ERWACHEN
ISBN 978-3-938173-49-7 (2. Aufl. 06/2008)

STERNENWÄCHTER
ISBN 978-3-9808785-1-7 (2. Aufl. 9/2004)

Herausgeber von / Beiträge in:

Magazin: PORT CULINAIRE
(Hrsg. T. Ruhl) seit 2006: eigene Kolumne

KULINARISCHER REPORT DES DEUTSCHEN BUCHHANDELS 09-10
ISBN 978-3-938173-74-9

REPORT 08-09 / ISBN 978-3-938173-57-2
REPORT 07-08 / ISBN 978-3-938173-32-9
REPORT 06-07 / ISBN 978-3-938173-23-7
REPORT 05-06 / ISBN 978-3-938173-06-0

WISSENS- UND WERTE-MANAGEMENT IN THEORIE UND PRAXIS
Prof. A. Reuter / ISBN 978-3-86550-123-3

CORPORATE KNOWLEDGE ERFOLGREICH MANAGEN
ISBN 978-3-9808785-6-2

BLENDED LEARNING IN DER PRAXIS
ISBN 978-3-9808785-7-9

KULTURGESCHICHTE DER DEUTSCHEN KÜCHE
Peter Peter / ISBN 978-3-406-57224-1

DAS CULINARIUM DER SÜSSWASSERFISCHE
Ruhl Thomas / ISBN 978-3-7716-4391-1

MUSEUM FÜR KOCHKUNST FRANKFURT
Henner Drescher / ISBN 978-3-938173-97-8

WEITERE VERLAGSTITEL

www.kornmayer-verlag.de

DAS NEUE FRANKFURTER KOCHBUCH

Die schönsten Koch- & Backrezepte aus der Metropole am Main

Der Autor Evert Kornmayer hat historische Rezepte aus alten Kochbüchern des Archivs des Frankfurter Museums für Tafelkultur und moderne Küchenklassiker neu angerichtet. Die einzelnen Kapitel enthalten Rezepte für mehr als 70 Spezialitäten - für jeden Gaumen, für jeden Geschmack. Und natürlich echt „frankforterisch".

160 Seiten . Hardcover . 26 x 21 cm . zahlreiche Farbfotos
Autor: Evert Kornmayer . ISBN 978-3-938173-13-8 . Preis: 18,60 €

DAS KOCHBUCH VON GOETHES LUSTIGER TANTE MELBER

Rezepte aus der Frankfurter Altstadt

Autor: Bernd Klasen
Vorwort: Ernesto Melber
Fotos: Evert Kornmayer, Bernd Klasen
Taschenbuch . 116 Seiten . 18 Fotos s/w
Format 18 x 11,5 cm
ISBN 978-3-938173-61-9 . Preis: 12,95 €

PRAKTISCHES FRANKFURTER KOCHBUCH

„enthaltend 1093 auserlesene Kochrezepte für vornehme und bürgerliche Küchen"

„Verfaßt und herausgegeben von Wilhelmine Rührig. Nebst einer wissenschaftlichen Einleitung über die Ernährung des Menschen und die Zubereitung der Speisen nach den Grundsätzen von L. Liebig und Lar. Moleschott."
Reprint der „fünften, vermehrten und verbesserten Auflage von 1877, der Jaeger´sche Buch-, Papier- und Landkarten-Handlung, Frankfurt am Main". Dieses Buch ist der erste Reprint von Werken aus dem Archiv des Frankfurter Museums für Tafelkultur. Diese Reprints wichtiger historischer Kochbücher erscheinen in der „Edition Museum für Tafelkultur".

Reprint, 344 Seiten . Hardcover . Format 21 x 14,8 cm
Edition Museum für Tafelkultur . Autorin: Wilhelmine Rührig
Vorwort zur aktuellen Ausgabe: Walter Schwarz
ISBN 978-3-938173-38-1 . Preis: 14,95 €

WAS FRANKFURT ISST

Über 250 neue Gerichte aus Mainhattan

„Das Buch vollführt die Verknüpfung von altbekannten Gerichten und neu entstandenen Rezepten. Somit bietet dieses Buch selbst Frankfurtern noch ganz neue Einblicke in die regionale Küche." (Petra Roth)

Autoren: Gebrüder Kornmayer
Vorwort: Petra Roth, Oberbürgermeisterin der Stadt Frankfurt am Main
4. Auflage . 206 Seiten . Softcover mit engl. Broschur . Format 20 x 12 cm
ISBN 978-3-938173-14-5 . Preis: 9,80 €

THE FRANKFURT COOKBOOK

The best recipes from Mainhattan

Autoren: Linda White und Evert Kornmayer
Vorwort: Petra Roth, Oberbürgermeisterin der Stadt Frankfurt am Main
Taschenbuch . 18 x 11 cm . 90 Seiten
42 Farbbilder . Sprache: Englisch
ISBN 978-3-938173-78-7 . Preis 14,95 €

FRANCFORT - LE LIVRE DE CUISINE

Les meilleures recettes de Mainhattan

Autoren: Britta Binzer und Evert Kornmayer
Vorwort: Petra Roth, Oberbürgermeisterin der Stadt Frankfurt am Main
Taschenbuch . 18 x 11 cm . 88 Seiten
42 Farbbilder . Sprache: Französisch
ISBN 978-3-938173-79-4 . Preis 14,95 €

FRANKFURT FÜR GENIESSER

- neu angerichtet -

Das Buch „Frankfurt für Genießer" ist ein kulinarisches Städteporträt. Mit Tipps und Insidergeschichten über Restaurants, Gasthäuser, Bars, Cafes, Weinläden und vielem mehr. Das Buch führt zu den phantasievollsten Menüs, den prallsten Knödeln, den schönsten Weinen oder der sinnlichsten Pasta. Es bietet weit mehr als die üblichen Restaurantkritiken und bringt zudem gastrosophische Betrachtungen, satirische Texte und fragt sogar nach der Qualität der Gäste. Der Autor ist ein weltgereister Hinschmecker und bringt seine Erfahrungen weitreichend ein, da ein Urteil über Qualität die Vergleiche braucht. Das Buch ist tiefgründig, voll sprachlicher Eleganz und Ironie.

Autor: Ludwig Fienhold
Fotos: Barbara Fienhold und Evert Kornmayer
286 Seiten . Klappenbroschur . farbig . 20 x 11 cm
ISBN 978-3-938173-94-7 . Preis 18,90 €

MUSEUM FÜR KOCHKUNST FRANKFURT

Erinnern an ein Frankfurter Museum, das noch nicht wieder eröffnet wurde: das Frankfurter Kochkunst-Museum

Hrsg. Henner Drescher
106 Seiten . 87 Abbildungen . einige farbig
Format 21 x 20 cm . Softcover mit engl. Broschur
ISBEN 978-3-938173-97-8 . Preis 18,90 €

MARKTKÜCHE NEU ENTDECKT

Die besten Rezepte vom Offenbacher Wochenmarkt

Wer lesen kann, der kann auch kochen! Seit vielen Jahren verkaufen Heidi Jung und Anne Färber selbst produziertes Gemüse auf dem Wochenmarkt in Offenbach am Main – einem der größten und schönsten Märkte im Rhein-Main-Gebiet. Gerne packen die beiden Marktfrauen den Kunden einen selbst geschriebenen Zettel mit dem passenden Rezept für den Einkauf dazu. Ihre Anleitungen brauchen wenig Zeit und bieten tolle Kombinationen von rustikal bis fein – für jeden Tag, aber auch für Gäste und Feste. Aus dieser Zettelsammlung und vielen wieder entdeckten Marktrezepten hat die Offenbacher Journalistin Susanne Reininger ein echtes Markt-Kochbuch entwickelt. Es bietet bezahlbare, pfiffige Anleitungen für Gesundes, Aromatisches und Ungewöhnliches mit Fisch, Fleisch, Geflügel, Salat und Gemüse pur. Süßes fehlt ebenso wenig wie Suppen, Vitaminbomben und Snacks. Die 88 Rezepte, die während eines Erntejahres auf dem Feld, dem Offenbacher Markt und in der Küche entstanden sind, hat der Food-Fotograf Markus Kirchgessner in Szene gesetzt.

Zudem geben Heidi und Anne praktische Küchentipps: Wie bereitet man Marktfrisches wie Mangold, Pastinaken oder Petersilienwurzeln zu? Wie wird ein Salat schnell und gründlich gewaschen? Woran erkennt man frischen Fisch und gute Wurst? Heidi und Anne erklären mit viel Humor, wie's richtig geht. Außerdem erzählt das Buch von Offenbacher Originalen, versammelt Rezepte von prominenten Stammkunden und klärt über die größten Marktirrtümer auf. Der ausführliche Marktkalender zeigt, wann welches Obst und Gemüse erntefrisch zu haben ist. Entdecken auch Sie gemeinsam mit Heidi und Anne die Marktküche neu: Einfacher, aromatischer, gesünder und günstiger geht's nicht!

Autorin: Susanne Reininger
Fotos: Markus Kirchgessner
192 Seiten . über 250 Farbfotos . Hardcover . Format 24 x 17 cm
ISBN 978-3-938173-95-4 . Preis 18,90 €